HOTEL
BENABOLA

MÁLAGA
MARBELLA

Ediciones Gaesa

Esta guía ha sido elaborada por:

GUÍAS AZULES DE ESPAÑA

Texto MANUEL MONREAL IGLESIA

Fotografía Archivo Guías Azules de España
Imagen © Turismo Andaluz, S. A.
Junta de Andalucía-C. de Turismo

Cartografía: cedidas por organismos oficiales y otras instituciones. Adaptado: Fernando Gamero.

Diseño de Portada: Joaquín González Dorao

Antonio Maura, 18. 28014 MADRID
Correo electrónico: gaesa@guiasazules.e.telefonica.net
www.guiazuldeltrotamundos.es

ISBN: 978-84-16137-78-7
Depósito Legal: M-4087-2015

MÁLAGA

MÁLAGA

Málaga que cuenta con cerca de 600,000 habitantes, es hoy la quinta ciudad de España, la segunda de Andalucía y la capital de la primera zona turística de la península. Málaga se beneficia, gracias a la protección que de los vientos del norte le ofrecen las cercanas alturas, de un clima mediterráneo subtropical, luce el sol durante la mayor parte del año y las temperaturas medias anuales son extremadamente agradables; durante el verano el calor se ve suavizado por la brisa marina, mientras que el invierno se caracteriza por temperaturas benignas que rara vez obligan a utilizar prendas de abrigo. Málaga y toda su zona costera disfrutan del mejor clima de Europa. El premio Nobel de literatura Vicente Aleixandre, que vivío varios años en la ciudad la llamó "Ciudad del Paraiso", y es que durante siglos, la ciudad ha sugerido una imagen poética a multitud de escritores, pintores y poetas, quizá sea por su situación privilegiada, en un anfiteatro montañoso cerrado por una espléndida bahía, pero el ingrediente fundamental no es otro que el carácter abierto y acogedor de sus habitantes, que la convierten en una ciudad enormemente atractiva y hospitalaria. Málaga es hoy una ciudad moderna y bulliciosa con un casco urbano que ha experimentado una gran expansión, con museos imprescindibles y una zona monumental, en torno a la catedral que conserva intacto el sabor del pasado; con huellas muy visibles de su esplendor decimonónico: paseos ajardinados y elegantes resi-

dencias que proporcionan un aspecto señorial a muchas calles y rincones. Y como elemento característico del paisaje urbano, la silueta de la Alcazaba que domina desde su altura la ciudad y el mar. Málaga ofrece innumerables atractivos y uno de ellos es su carácter hospitalario, lo fue históricamente, desde la época de los fenicios y de los árabes, y lo continua siendo hoy en día.

OFICINAS DE TURISMO

OFICINA MUNICIPAL DE TURISMO (CENTRAL): Plaza de la Marina, s/n. ☎ 95 212 20 20. www.malagaturismo.com

PUNTO DE INFORMACIÓN TURÍSTICA-AEROPUERTO (TERMINAL 3): Avenida Comandante Garcia Morato, 1. Terminal 3. Llegadas info@malagaturismo.com www.malagaturismo.com

OFICINA MUNICIPAL DE TURISMO (CASITA DEL JARDINERO): Avenida Cervantes, 1. ☎ 951 927 205. www.malagaturismo.com

CENTRO DE RECEPCIÓN DE VISITANTES BEN GABIROL: Calle Granada, 70. ☎ 951 929 250. www.malagaturismo.com info@malagaturismo.com

GASTRONOMÍA

La cocina malagueña tradicional responde a las división física y social entre el monte y la costa. En el primero ha primado los productos derivados tanto del cerdo –chacinas, ollas podridas–, como de ganado caprino –chotos guisados, quesos–, acompañados de una no muy excesiva variedad de productos de la tierra: aceitunas, almendras, legumbres, y las frutas provenientes de los valles (melocotones de Ronda, naranjas de Álora y uvas pasas de la Axarquía).

En la costa, a este recetario clásico se añaden los pescados de la zona: boquerones, sardinas, jureles, pulpos, pez espada, merluza, etc.

Es una cocina que combina la sencillez de sus ingredientes con la variedad y calidad de los platos. Por lo que respecta a las sopas frías, no puede dejar de mencionarse el tradicional gazpacho, que sin ser exclusivo de la provincia se elabora en Málaga según diferentes recetas; lo más usual es el gazpacho sencillo preparado con tomate, aceite, vinagre, miga de pan y, opcionalmente, pepino y pimiento, pero la receta estrella que ha hecho famoso el delicado y sofisticado talento culinario malagueño, ha sido su aportación a esa colección de sopas frías andaluzas: el original Ajoblanco, sopa fría a base de aceite de oliva, ajo y almendras, que convertida en una fina crema blanca, alcanza su mayor altura cuando va servida con uvas o pasas. Otra de las sopas frías que goza del aprecio de locales y visitantes es la porra, especialmente celebrada la de Antequera, que consiste en un gazpacho más espeso, parecido al salmorejo cordobés, que se acompaña con trozos de jamón serrano y huevo cocido. En cuanto a las sopas calientes, los pueblos del interior ofrecen diversas variedades. En la preparación de la sopa cachorreña se emplea comino y cáscaras de naranjas secas que se mezclan con pimienta, aceite, pan, sal y vinagre. Al final se añade zumo de naranja agria. Muy parecido es el gazpacho tostado de Cañete la Real, caldo a base de agua, aceite, sal, pimentón y pimiento rojo machacado, al que se le añade zumo de naranja. Se toma acompañado de rodajas de pan tostado. La sopa de Siete Ramales se elabora con pan hervido al que se añade un refrito de ajos, tomates, pimientos y espárragos trigueros. En Archidona la especialidad es el gazpachuelo, a base de agua, pan y clara de huevo mezclada con mayonesa, que se sirve acompañado de hojas de hierbabuena. La sopa perota de Álora lleva tomates, pimientos y pan desmigado. No puede olvidarse tampoco la cazuela de fideos con coquinas, típica de Colmenar. También dentro del capítulo de primeros platos, las habas a la Rondeña, con tomate, ajo y jamón, constituyen una magnífica opción que puede degustarse durante toda la temporada. Gran arraigo presentan, asimismo, las ollas, plato semejante al cocido de garbanzos, con verdura, morcilla, chorizo y trocitos de lomo. Lo más recomendable es degustarla en el pueblo de Alfarnate, cuyos garbanzos son de gran calidad. Las migas se preparan en Málaga según distintas recetas, especialmente en la zona de los Montes y en los municipios del interior. Suelen acompañarse de uvas, melón, naranja o aceitunas.

Los platos a base de carne se consumen, fundamentalmente, en los pueblos del interior; el rabo de toro a la rondeña, el choto al ajillo, preparado con almendras, pan, aceite, ajo y vinagre, y el chivo frito llevan un acompañamiento de hortalizas y otros productos de la tierra. En cuanto a la caza, el conejo, la liebre o la perdiz, son los productos básicos, con guisos variados que constituyen la especialidad de distintas localidades. Mención aparte merecen los embutidos y jamones rondeños, que pueden degustarse en toda la Serranía, aunque destacan los de Ronda, Benaoján, Montejaque y Arriate. Poco conocido es el jamón ibérico de la zona, de exquisito sabor.

La variedad de platos de pescado es enorme, hasta el punto de que es frecuente identificar la gastronomía de la capital y zonas costeras con el típico pescaíto frito. Boquerones, salmonetes, jureles, pulpo y calamaritos integran habitualmente la fritura malagueña, a la que se añaden, asimismo, otras muchas especies. A pesar de la prohibición que pesa sobre su captura, en muchos bares y chiringuitos pueden degustarse raciones de chanquetes. Sin embargo, es frecuente que bajo el reclamo de tan apreciado producto las frituras incorporen peces de mayor tamaño y la característica morralla, de aspecto semejante. Los chanquetes, según el

escritor local Manuel Alcántara son como “un aguacero que se fríe”. En la bahía de Málaga pueden probarse los sabrosos boquerones victorianos, muy pequeños, que se consumen enteros, con espina. Una de las formás tradicionales de preparar el pescado en el litoral es el espetón, que consiste en ensartar los peces en cañas que se clavan en la arena y se disponen frente a las brasas. Lo más habitual son los espetos de sardinas, que impregnan con su aroma los locales costeros. Por lo que respecta a los mariscos, merecen señalarse dos productos característicos malagueños, las coquinas, y las conchas finas. Para finalizar el capítulo de pescados, pueden citarse diversos platos que incorporan este producto como base, tales como arroces a la marinera, calderetas o sopas de pescados diversos. También los pescados a la sal, especialmente la dorada y la lubina.

LA SEMANA SANTA

Es la gran fiesta religioso-laica de primavera. Unos de sus rasgos más característicos es que los cargadores de los pasos (hombres de trono) van por fuera y no por dentro de los mismos, como hacen los costaleros sevillanos. En total hay unas treinta cofradías, algunas de las cuales tienen más de cinco siglos de existencia y atesoran verdaderas obras de arte sacro-popular. El Miércoles Santo (Cofradía de Jesús el Rico) se cumple una tradición según la cual cada año por estas fechas debe ser liberado un preso. El origen de este singular hecho está en la iniciativa protagonizada por los reclusos de la cárcel malagueña, que sacaron un paso en andas en tiempos de Carlos III para suplicar a Dios el fin de una devastadora epidemia de peste. Al acabar la procesión, volvieron todos, según reza la leyenda-historia, ordenadamente a sus celdas, con lo que se ganaron este privilegio. Hay otras procesiones de gran arraigo popular como: La Borriquita, Los Gitanos, El Rocío...La Semana Santa es una explosión de alegría y de gente que llena las calles hasta la madrugada, todos los bares están abiertos, menudean los puestos de chucherías y la gente está completamente dispuesta a pasárselo estupendamente, y el baño de multitudes está garantizado. No es raro que llueva, aunque ya se puede ir a la playa si está despejado.

MÁLAGA IMPRESCINDIBLE

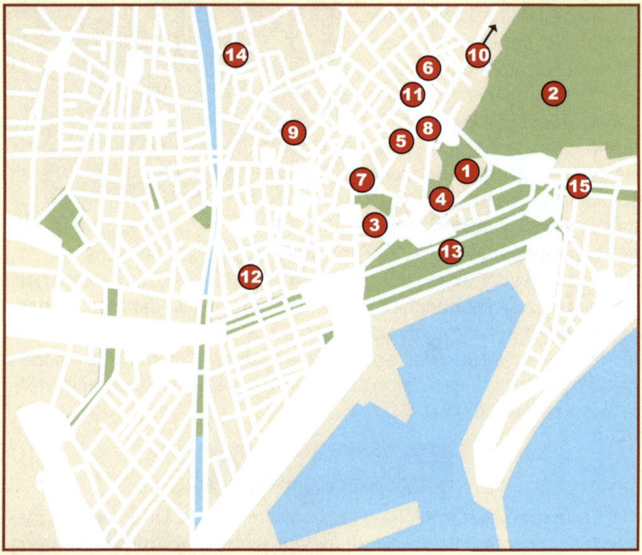

1. LA ALCAZABA: está situada en la zona oriental de la ciudad, protegida al este por el castillo de Gibralfaro y al a sur por el mar, fue el palacio de los reyes nazaríes.

2. CASTILLO DE GIBRALFARO: En lo más alto del Cerro de Gibralfaro. Son los restos de una antigua fortaleza, que sirvió de refugio a los últimos defensores musulmanes de ciudad. Ofrecen al visitante una magnifica vista de la ciudad y sus alrededores.

3. CATEDRAL: Es una de las grandes catedrales del barroco andaluz, obra de Pedro López, autor de otros grandes edificios eclesiásticos de época como la catedral de Granada. La construcción se prolongó durante casi tres siglos. Con todo, permanece inacabada, faltando algunos torreones laterales y la torre sur, de ahí el nombre popular de *La Manquita,* con que es conocida por los malagueños. El magnifico interior impresiona por la enormidad de su altura, más de 40 metros, y los cien metros largos de longitud de su nave central.

4. TEATRO ROMANO: Construido en la era de Augusto aprovechando la pendiente del monte de Gibralfaro, fue utilizado hasta el siglo III.

5. MUSEO PICASSO: Se exhiben 200 obras que integran los fondos permanentes del museo, procedentes de las colecciones particulares de Christine Picasso y de su hijo Bernard y permiten un recorrido por casi todas las etapas de la obra picasiana.

6. FUNDACIÓN PICASSO-MUSEO CASA NATAL: Las Casas de Campos, conocidas popularmente como "Casas de Picasso" porque en uno de sus pisos vivió Picasso durante su etapa malagueña. La casa fue adquirida por el Ayuntamiento de Málaga e inaugurada en 1988 como sede de la Fundación Pablo Ruiz Picasso. Funciona fundamentalmente como centro de estudio y documentación sobre el artista. Hace también de sala de exposiciones y conferencias. En su interior alberga fondos documentales y bibliográficos del pintor.

7. IGLESIA DEL SAGRARIO: Unida a la catedral, se entra por calle Císter. Esta iglesia del siglo XV fue levantada sobre la mezquita mayor. Portada gótico-isabelina y retablo manierista en el interior, obra de Juan de Balmaseda.

8. IGLESIA DE SANTIAGO: Allí fue bautizado Pablo Ruiz Picasso, y es fácilmente reconocible por su torre mudéjar, rematada con un adorno de azulejos vidriados. Retablo e interior barroco.

9. IGLESIA DE LOS MÁRTIRES: Aunque su construcción de debe a los Reyes Católicos, su interior es puramente barroco.

10. SANTUARIO DE LA VIRGEN DE LA VICTORIA: Fue mandada levantar por Fernando el Católico en el lugar en que había tenido su campamento durante el asedio de la ciudad. Interior barroco con tallas de Pedro de Mena, y una cripta-osario un tanto macabra, en la que están enterrados algunos nobles locales. La iglesia conserva la imagen de la patrona de la ciudad.

11. PLAZA DE LA MERCED: Es unos de los centros físicos y sentimentales de Málaga. En su centro se alza el obelisco que conmemora el fusilamiento del general Torrijos.

12. MERCADO CENTRAL: Edificio neomudéjar con cierto aire de mezquita. Es un lugar muy animado y ruidoso.

13. EL PARQUE DE MÁLAGA: Un jardín mediterráneo con gran interés botánico en donde se pueden contemplar dragos, ficus gigantes, varios tipos de palmera, pándanos, robles y un gran numero de especies tropicales y subtropicales

14. FINCA DE LA CONCEPCIÓN: Un extraordinario jardín tropical de más de siglo y medio de antigüedad, declarado Jardín histórico-artístico en 1943. Exuberante vegetación tropical: bambúes, dragos, nenúfares y palmeras diversas venidas de todas las partes del mundo.

15. CEMENTERIO INGLÉS: Merece la pena visitar este entorno, con la disposición de un jardín romántico, con mausoleos dispersos entre la arboleda y monumentos funerarios de inspiración clásica, neogótica y modernista. Abierto en 1830, fue el primer cementerio protestante de España, y en él está enterrado el poeta del 27 Jorge Guillén.

LA VISITA

"...colgada del imponente monte, apenas detenida
en tu vertical caída a las ondas azules,
pareces reinar bajo el cielo, sobre las aguas,
intermedia en los aires, como si una mano
dichosa te hubiera retenido, un
momento de gloria, antes de
hundirte para siempre en las olas amantes."

Vicente Aleixandre

El centro urbano malagueño se extiende en torno a la ahora peatonalizada calle del Marqués de Larios, que concentra a su alrededor el área comercial, monumental y turística. Al este surgen los barrios residenciales y de pescadores: Gibralfaro, el Limonar, Pedregalejo, el Palo y el Candado. Hacia el oeste, desde el río Guadalmedina, se extienden las nuevas barriadas y los polígonos industriales. El crecimiento hacia el norte está limitado por la presencia de los Montes. Desde el punto de vista monumental, el principal testimonio de la Málaga árabe es la Alcazaba, cuya silueta ofrece una de las perspectivas más bellas del paisaje urbano. El edificio más destacado de los primeros tiempos cristianos, si bien su construc-

San Quintín
PL. DE BELÉN
Sevilla
Fco. Monje
PL. DE NTRA. SEÑORA DE SOLER
Avda. de Barcelona
Carboneros
Trinidad
Empedrada
Pizarro
Rosario
Carril
Yedra
Lara
PL. SAN PABLO
Arrebolado
Ibn Gabirol
Jaboneros
Jorge Juan
Zamorano
Cristina
Mármoles
Avenida de Fátima
Goletera
Grama
Viento
San Rafael
Valdecañas
Gigantes
PL. DE S. FRANCISCO
Ollerías
Tejón y
S. Julián
Canasteros
Biedmas
Las Catalinas
Nosquera
Avenida de la Rosaleda
De Arance
Andrés Pérez
Arco de la Cabeza
Carretería
Gordon Coronado
Convaleciente
Dulces
S. Telmo
Sta. Lucía
Pozos
PL. SAN IGNACIO
7
PTE. DE LA AURORA
Compañía
PL. DE LA CONSTITUCIÓN
Pulidero
Padre J. Lamothe
Pta. Nueva
Fajardo
Especería
Estévanez Calderón
Polvorista
Álvaro de Bazán
Zurridores Marinete
Cisneros
Nueva
PL. DE LAS FLORES
Narciso P. Teixeira
Montes de Coca
Enrique Scholtz
Huerta del Obispo
A. Parejo
Pllo. Sta. Isabel
Camas
Fernán Glez.
Cinco Bolas
Ríos Rosas Miñoz
Don Cristian
Cerrojo
Marqués Olózaga
San Juan
Duende
Liborio Gª
Marqués de Larios
Amengual de la Mota
Muñoz Torrero
Pllo. Sto. Domingo
Carbonero
Zapateros
Esparteros
Alarcón Luján
Calvo
San Jacinto
Pl. de Arriola
Cerezuela
Puerta del Mar
Martínez
Atarazanas
Hilera
PTE. DE LA ESPERANZA
Panaderos
Alameda Principal
Trinidad
PL. DE MANUEL ALCÁNTARA
PTE. DE TETUÁN
Trinidad Grund
Tomás Heredia
Córdoba
PL. DE ENRIQUE NAVARRO
Vendeja
Casa Campos
PTE. DE LA MISERICORDIA
Alameda de Colón
Barroso
Mtnez. Campos
Montalván
La Madera
Angosta del Carmen
Medellín
Callejones del Perchel
Cuartelejo
Ancha del Carmen
Peregrino
Pllo. del Matadero
Avda. Comandante Benítez
Alemania
Pinzón
Duquesa de Parcent
Avenida Manuel Agustín Heredia
Eslava
La Serna
8
Jovellanos
Cuarteles
Plaza de Toros Vieja

MÁLAGA CIUDAD
PL. DE J. CUERVO
G. Pallete
G. San Juan de Letrán
Álamos
Cárcer
Madre de Dios
Chiclanero
Victoria
Picacho
Casapalma
Granados
Méndez Núñez
PLAZA DE LA MERCED
Belgrano
Tomás de Cozar
PLAZA DE LA ALCAZABA
Mundo Nuevo
Beatas
Pozo del Rey
Granada
S. José
PL. DEL SIGLO
Echegaray
S. Agustín
Duque de la Victoria
Alcazabilla
María
Císter
PL. DE LA ADUANA
Nogales
Cañón
PL. DEL OBISPO
Postigo de los Abades
Bolsa
Molina Lario
Cortina del Muelle
Paseo del Parque
Paseo de los Curas
Guillén Sotelo
Roma
Avda. Cervantes
Campos Elíseos
Pso. de Reding
PL. DEL GENERAL TORRIJOS
Manuel Mtnez. Estévez
Av. Cánovas del Castillo
Vélez Málaga
S. Nicolás
Reding
PL. DE LA MALAGUEÑA
Faro
Pintor Casilari
Dr. G. del Castillo
Marchena
Tapete
Pso. de la Farola
Pso. Marítimo Ciudad de Melilla
GTA. JORGE GUILLÉN
MAR MEDITERRÁNEO
1. Catedral
2. Museo Picasso
3. Alcazaba
4. Teatro romano
5. Castillo Gibralfaro
6. Teatro Cervantes
7. Museo Carmen Thyssen Bornemisza
8. CAC Centro Arte Contemporáneo

ción se prolongó a través de varios siglos, es la Catedral. Igualmente, quedan diversas muestras de las primeras fundaciones religiosas llevadas a cabo tras la conquista por los Reyes Católicos. La mayoría de los templos antiguos fueron transformados en los siglos XVII y XVIII, quedando convertidos en significativos ejemplos del barroco local. Por su parte, la arquitectura civil ofrece interesantes muestras que van desde el clasicismo barroco al estilo ecléctico de finales del siglo XIX y principios del XX. Especialmente relevantes son algunas residencias burguesas del siglo XIX que simbolizan la prosperidad y el desarrollo capitalista que favoreció a la capital en esa época. Desde el punto de vista paisajístico, Málaga constituye una ciudad enormemente atractiva; dispersos por la ciudad y en sus alrededores, diversos jardines y parques contribuyen a hacer más acogedora la urbe, ofreciendo a locales y visitantes amplios espacios donde pasear y refugiarse del bullicio de una ciudad moderna.

Sobre los inicios de la evolución histórica del espacio urbano de Málaga, cabe decir que el primer núcleo en torno al cual se organizó la ciudad fue el monte de Gibralfaro. En esta posición privilegiada desde el punto de vista estratégico se asentarían las primeras estructuras destinadas a la defensa. Bajo la dominación árabe Málaga fue extendiéndose por la zona que hoy se conoce como el Centro Histórico. Las calles Cortina del Muelle, la plaza de la Marina, calle Martínez, Atarazanas, Pasillo de Atocha, Pasillo de Santa Isabel, Carretería, Alamos y Alcazabilla constituirían aproximadamente el trazado de la Málaga islámica, cuyo recinto amurallado quedaba unido al de la Alcazaba. En torno al siglo XI la ciudad inició su expansión hacia el norte y el oeste por medio de arrabales. En una etapa posterior irían formándose los diversos barrios populares.

El recorrido por la ciudad de Málaga se puede dividir tres itinerarios. El primero concentra las citas imprescindibles desde el punto de vista monumental; el segundo se adentra en la Málaga más mediterránea con interesantes monumentos y agradables espacios verdes. El tercer recorrido es por la Málaga tradicional.

☙ I - MÁLAGA MONUMENTAL ❧

Este itinerario propone un paseo por lo más significativo de la Málaga monumental. El Castillo de Gibralfaro, el entorno de la Catedral, la Plaza de la Merced, el Santuario de la Victoria y la Alcazaba son sus puntos más destacados.

Desde el puerto, cruzando el parque y dejando la catedral a izquierda, se encuentra el camino de subida al monte Gribalfaro, una atalaya perfecta para hacerse una idea de la configuración del centro de la ciudad. Toda esta zona queda dominada por el cerro de Gibralfaro, en cuya cima perviven los restos de una fortaleza casi inexpugnable, cuya guarnición resistió algún tiempo después de que la ciudad de Málaga cayera en manos de los Reyes Católicos. El castillo figura en el escudo de la ciudad, otorgado por estos monarcas en 1494.

CASTILLO DE GIBRALFARO: Cerro de Gibralfaro. ☎ 952 22 00 43. El autobús 35 con salida del Paseo del Parque lleva hasta allí. Fortaleza domina la ciudad y desde la cual se puede disfrutar de unas vistas privilegiadas del puerto, la catedral y la plaza de toros. Sobre el origen del topónimo de este lugar no existe acuerdo; algunos autores le atribuyen raíces semíticas o griegas, mientras que otros investigadores retrasan el nacimiento de tal denominación hasta la época árabe. Semejantes dudas surgen a la hora de establecer quiénes fueron los primeros ocupantes de la fortaleza, atribuyéndose la construcción a iberos, fenicios, griegos y romanos. Sea como fuere, se trata de una zona de antiguo poblamiento, como atestiguan los restos hallados, anteriores a la Época romana. Parece ser que en origen fue el lugar de emplazamiento de un faro; la zona se conocía como *Jabal-Faruk*, Montaña del faro, de donde procedería su nombre. El lugar empezó a cobrar verdadera relevancia cuando los árabes construyen allí un castillo. El único elemento que había llegado hasta entonces era un torreón en el flanco oriental. El inicio de la construcción puede situarse durante el emirato de Abd al-Rahman I, a finales del siglo VIII. En el siglo XI, cuando era conocido como Castillo de los Airos, sirvió de prisión a algunos miembros de la dinastía de los hammudíes y a finales de esta misma centuria pasó a manos del rey zirí granadino Abd-al-Allah en el transcurso de su enfrentamiento con el rey taifa de Málaga. Las primeras crónicas árabes que mencionan el castillo de Gibralfaro están datadas a mediados del siglo XII y corresponden a las descripciones del geógrafo Idrisi.

La configuración definitiva de la fortaleza de Gibralfaro, en cuyo interior existió una mezquita, tuvo lugar durante la etapa nazarí; a finales del siglo XIII se reedificó por primera vez y a principios del siglo siguiente Yusuf I amplió y reforzó la estructura del recinto y construyó el camino de comunicación con la Alcazaba, la Coracha terrestre. De planta irregular, el castillo empleó como materiales mampostería de tierra y ladrillo. Durante la Guerra de la Independencia estuvo ocupado por las tropas francesas y fue parcialmente destruido en 1812.

CENTRO INTERPRETACIÓN GIBRALFARO: Castillo de Gibralfaro. Abierto todos los días. En el interior del castillo, en el recinto del antiguo polvorín se representa una exposición que refleja la vida del Castillo como guarnición militar y vigía costero desde 1487, fecha de la incorporación de Málaga a la Corona de Castilla, hasta 1925 en que un Real Decreto de Alfonso XIII lo cede a la ciudad para uso de la población. Durante esos 483 años el castillo fue instalación militar de modo ininterrumpido. Por medio de maquetas, miniaturas, instrumentos de navegación y cartografía, planos con la evolución urbana, armas, uniformes y objetos de la vida cotidiana se refleja la evolución de la guarnición ligada a los diferentes acontecimientos históricos de la ciudad de Málaga.

LA CATEDRAL: Se levanta en el lugar que ocupara la Mezquita-Aljama, o mezquita mayor de la ciudad, durante los ocho siglos de dominio musulmán. La financiación se hizo depender de los impuestos al embarque de vino, pasas y aceite por lo que la obra se fue dilatando durante siglos. Se inició en la primera mitad del siglo XVI y continuó a lo largo del XVII y XVIII lo que determinó una mezcla de estilos cuyo resultado es una interesante síntesis de diversos momentos de la arquitectura hispánica, desde el goticismo inicial, a caballo entre los planteamientos renacentistas, hasta el neoclasicismo final, pasando por el barroco. Es conocida popularmente como *"La Manquita"* porque sólo se terminó una de las dos torres proyectadas. Cuando en 1487 Málaga se rindió a los Reyes Católicos la Mezquita Mayor de los musulmanes fue cristianizada y se otorgó al templo categoría de Iglesia Mayor primero y de Catedral después. La Catedral de la Encarnación ocupa, por tanto, el mismo espacio que el principal edificio de la ciudad en época musulmana. De la primitiva mezquita apenas han llegado noticias hasta la actualidad pero se sabe que su extensión comprendía también la vecina iglesia del Sagrario, comunicada actualmente con la Catedral por medio del Patio de los Naranjos, por donde se inicia la visita turística.

La historia de la construcción de la Catedral malagueña es una larga sucesión de etapas que quedaron interrumpidas la mayoría de las veces por vicisitudes económicas de modo que los altibajos comerciales de la ciudad llegaron a determinar estrechamente la evolución de las obras catedralicias. La labor de los prelados que ocuparon sucesivamente el obispado fue determinante para elegir a los arquitectos y decidir, incluso, alteraciones de los proyectos de aquellos.

Una vez consagrada como Catedral, entre 1487 y 1525, se llevaron a cabo obras de acondicionamiento para adaptar el espacio musulmán al nuevo templo cristiano; en torno a 1518 debió surgir el primer proyecto de edificio de nueva planta, planeado según los cánones del estilo gótico final imperante en la etapa de los Reyes Católicos. Las dificultades económicas paralizaron las obras. Una nueva etapa constructiva comenzó en 1527, cuando el arquitecto Pedro López (1470-1540) se hizo cargo de las obras siguiendo el proyecto de Diego de Siloe, cuyas trazas contaban con el beneplácito del maestro de la Catedral de Toledo, Enrique Egas. Sobre una planta gótica se planteó un alzado clásico. Bajo la dirección de Pedro López se pusieron las bases de la girola, se inició la construcción de los pilares del ábside y los muros que cerraban las capillas. De 1540 a 1545 el encargado del proyecto fue el dominico Fray Martín de Santiago. A su muerte y hasta 1549 la construcción estuvo en manos de los aparejadores. En esta fecha dos nuevos arquitectos quedaron vinculados a las obras de la catedral, Andrés de Vandelvira (1509-1575) y Diego de Vergara, quienes aportaron sendos proyectos para la continuación del edificio. Para determinar cuál era el modelo más adecuado se pidió consejo al entonces maestro de la catedral de Córdoba, Hernán Ruiz el joven, cuyo informe no ha llegado hasta la actualidad. Sea como fuere, Diego de Vergara fue nombrado Maestro Mayor de las obras, aunque no se descarta que en la construcción asimilara algunas propuestas del modelo de Vandelvira, maestro de la catedral de Jaén. A Diego de Vergara se atribuye la fase constructiva correspondiente a la parte superior de la Catedral, cuya traza se aleja ya de lo proyectado por Siloe. Bajo su dirección se terminaron las capillas de la girola y los brazos del crucero quedaron casi cubiertos. Su hijo, Diego de Vergara Echa-

buru, que tomó a su cargo la obra en 1583, finalizó el cierre del crucero y trabajó en la zona del altar mayor.

Por orden del obispo García de Haro (1587-1598) en 1588 la cabecera quedó separada del resto del templo por un gran tabique, lo que hizo posible la celebración del culto en esta parte, cuya construcción ya había concluido. Desde este momento las obras se centraron en la zona de cabecera y se abandonaron los proyectos de continuación de las naves hacia la fachada principal. Lo más destacado de la siguiente etapa es la construcción del coro, siendo director de las obras Pedro Díaz de Palacios. Ya en el siglo XVII los problemas económicos mantuvieron la atonía, con algún intento de prolongación general del templo, debido al arquitecto Diego Delgado, que no llegó a realizarse. Tampoco el impulso del obispo Fray Alonso de Santo Tomás (1664-1692) logró revitalizar el entusiasmo inicial por la construcción. No obstante, el proyecto que le encargó a José Fernández de Ayala, arquitecto y entallador, sirvió de base al modelo que empleó el granadino José Bada, cuando ya en el siglo XVIII se encargó de la continuación de la obra, desde la fachada principal hacia la cabecera. El aparejador de José Bada, Antonio Ramos, dirigió la construcción entre 1757 y 1761.

En 1764 intervino en la supervisión de la obra Ventura Rodríguez (1717-1785), el representante más destacado del neoclasicismo en España, a quien se solicitaron diversos informes en el transcurso de las obras de unión entre el edificio nuevo y el viejo. Cuando la labor del enlosado estuvo concluida, la parte nueva de la Catedral se abrió al culto. Quedaban sin terminar, entre otros detalles, las torres. Ya en el siglo XIX, los intentos de recabar fondos para finalizar las obras tampoco fructificaron; según algunos, el dinero reunido se destinó a apoyar la causa liberal. La Catedral malagueña permanece, como entonces, inacabada. Faltan la torre sur, algunos torreones laterales, una balaustrada que habría de recorrer el perímetro del edificio en su parte superior y sobre la que apoyarían estatuas, y el frontón de la fachada principal.

EL INTERIOR: La estructura de la Catedral presenta planta basilical de tres naves con capillas y girola que une las laterales por detrás de la capilla mayor. Las cubiertas de las naves son bóvedas vaídas que se deforman en la zona de la girola. La solución de la planta responde en gran medida a las imposiciones de la arquitectura del gótico final, pero también queda patente el goticismo en la forma de algunos arcos, como los que dan acceso a las sacristías de las capillas de la girola o los arcos conopiales que cierran algunas de estas capillas. Por lo que respecta al alzado, el modelo está estrechamente vinculado al arte de Diego de Siloe; sobre el basamento se eleva un pilar con cuatro semicolumnas corintias adosadas que sustentan un frontón partido. Por encima se dispone un segundo pilar de sección cuadrangular que sirve de apoyo al arco de la bóveda. Esta estructura contribuye a aumentar la altura de las naves.

PALACIO EPISCOPAL: Plaza del Obispo. Formado en realidad por tres núcleos distintos, el conjunto constituye uno de los edificios más significativos de la arquitectura civil malagueña. El tono rojo y amarillo de su fachada domina todo un lateral de la Plaza del Obispo, espacio que queda cerrado por la portada principal de la Catedral de la Encarnación. De los dos núcleos principales, el primero en Santa María, 20, corresponde al siglo XVI y el segundo en la Plaza del Obispo, 3, proyectado para residencia del prelado, se levantó en el siglo XVIII; un tercer bloque en Santa María, 18, también realizado en el siglo XVI, está ocupado actualmente por dependencias administrativas eclesiásticas.

IGLESIA DEL SAGRARIO: calle Santa María. Levantada parcialmente sobre el solar de la primitiva mezquita, su construcción quedó dispuesta en la misma bula papal otorgada para la edificación de la Catedral, en 1488. Ambos templos comparten el Patio de los Naranjos, un pequeño jardín que constituye único resto de la antigua mezquita, a través del cual se entra, y donde recientes excavaciones han sacado a la luz el muro del edificio islámico. La portada de la iglesia del Sagrario que da a la calle Santa María, un magnífico ejemplo del estilo imperante en la etapa de los Reyes Católicos, el llamado gótico isabelino, fue concebida en un principio como portada del primer proyecto catedralicio.

HOSPITAL DE SANTO TOMÁS: En el número 31, frente a la portada de la iglesia del Sagrario del Sagrario, se encuentra éste hospital construido a principios del siglo XVI y demolido tras un terremoto en 1888. El edificio actual corresponde a la restauración que, dentro de una estética historicista de finales del siglo XIX, proyectó el arquitecto Juan Nepomuceno. En su proyecto incorporó elementos de la tradición arquitectónica del estilo gótico-mudéjar, como los arcos ojivales, el ajimez que remata el acceso principal, las zapatas de los balconcillos, que reproducen el esquema de los modillones califales, o el friso de cerámica vidriada que se emplea como revestimiento decorativo. En el interior se conserva un interesante artesonado del edificio primitivo.

PALACIO DE ZEA SALVATIERRA: Un poco más adelante, en el nº1 de la calle Císter es un interesante ejemplar de la arquitectura doméstica barroca, también conocido como Casa de Gálvez. La construcción fue realizada entre los últimos años del siglo XVII y los primeros del siglo siguiente por orden de Doña María de Salvatierra, viuda del capitán Blas de Zea. Los escudos de ambas familias flanquean el balcón de la portada, el de la derecha es el de los Zea y el de la izquierda pertenece a los Salvatierra de Torrox. A principios de los años setenta fue declarado monumento histórico-artístico. El edificio, cuyo interior se encuentra muy transformado, fue dedicado a usos diversos, desde ayuntamiento a casa de correos, y en la actualidad es propiedad de la familia Gálvez y está destinado a vivienda. El nombre del arquitecto Felipe de Unzurrúnzaga está vinculado con el edificio, que presenta un alto zócalo de piedra en su parte inferior, y amplia portada con sillares de perfil almohadillado entre pilastras. El balcón del cuerpo superior, apoyado en ménsulas recorre todo el perímetro de la fachada.

CASA DE PEDRO DE MENA: Es un edificio muy sencillo ubicado en el ángulo izquierdo de la calle de Afligidos. Una lápida de mármol en su fachada recuerda el valor histórico de la vivienda. En ella vivió y murió el escultor Pedro de Mena, nombre muy vinculado a la vida cultural y religiosa malagueña donde llevó a cabo la mayor y mejor parte de su vida y su obra. Vivió siempre cerca de la Catedral, de la que fue maestro mayor de escultura. En 1679 fue nombrado alcaide de la Alcazaba y Gibralfaro, y se construyó esta casa donde murió el 13 de octubre de 1688.

IGLESIA Y CONVENTO DE SAN AGUSTÍN: San Agustín, 6. La calle toma su nombre del conjunto eclesiástico que en ella se ubica. El conjunto tiene tres partes bien diferenciadas: la iglesia, el convento y la vivienda de los monjes. La fundación del convento se llevó a cabo a finales del siglo XVI y la iglesia, un siglo después. Está dividida en tres naves, la central cubierta con bóveda de cañón con arcos fajones y lunetos que quedan resaltados por molduras. Las naves laterales presentan capillas de planta rectangular, muy alteradas tras las últimas reformas. Los arcos que separan la nave central de las laterales cuentan con una decoración a base de ovas y perlas. El entablamento descansa sobre pilastras de orden corintio cuyo modelo está relacionado con el estilo de José Martín de Aldehuela. Al mismo autor se debe el diseño del retablo-camarín, realizado en 1798. El retablo es una magnífica pieza que descansa en un basamento de mármol rojo veteado, desde el que arrancan las columnas corintias. En el centro queda un espacio circular cubierto con bóveda semiesférica rematada por el grupo escultórico de La Trinidad. Completan la ornamentación del templo otros retablos interesantes y un lienzo firmado por el malagueño Niño de Guevara que representa a San Juan de Dios. También alberga las imágenes de la popular cofradía de la *Pollinica:* Ntro. Padre Jesús en su Entrada a Jerusalén y la Virgen del Amparo.

Al exterior, la portada, datada en 1798, constituye una muestra del barroco clasicista del maestro Aldehuela. Junto a ella se levanta una vistosa espadaña con tres huecos para campanas. Frente a la iglesia se abre un pequeño compás cerrado por una reja moderna. Este recoleto espacio ha sido restaurado en diversas ocasiones. El vecino Colegio de San Agustín se organizaba en torno a dos patios; el principal, construido en el siglo XVIII, está compuesto por grandes columnas toscanas en mármol que soportan arcos de medio punto de ladrillo. Los dos pisos superiores están ocupados por ventanales ciegos de cristal y madera.

Junto al conjunto de San Agustín se puede ver la silueta de la torre-mirador del Palacio de los Condes de Buenavista.

PALACIO DE LOS CONDES DE BUENAVISTA: San Agustín, 8. Es la sede del Museo Picasso de Málaga. El Palacio de Buenavista fue construido entre 1530 y 1540 sobre una edificación de época musulmana de la que quedan algunos restos: la pequeña torre con pilares de ladrillo que se eleva frente a la entrada o el ala oeste del patio posterior, llamado patio mudéjar. Nada se sabe del autor del proyecto de esta residencia nobiliaria, una de las escasas muestras de arquitectura civil renacentista en la capital.

La fachada del edificio está enteramente realizada en piedra, característica poco común en los edificios de la época. De gran austeridad decorativa, presenta pocos vanos y paramentos lisos, concentrándose la ornamentación, grutescos, y bustos propios del repertorio plateresco, en el balcón principal y en los marcos de la puerta y la ventana. La robusta apariencia del edificio le confiere un carácter cercano al de las construcciones defensivas.

IGLESIA DE SANTIAGO: calle Granada. En la esquina de las calles Granada y Santiago se eleva la iglesia parroquial de Santiago edificada sobre el emplazamiento de una antigua mezquita. En este templo fue bautizado el pintor malagueño Pablo Ruiz Picasso. Fue una de las primeras parroquias que se establecieron en Málaga tras la conquista. Su fundación se remonta a 1490. El edificio sufrió una primera ampliación en 1545, momento en que pudo ocupar parte de la vecina mezquita. Fue nuevamente reformada durante el siglo XVIII. Dos elementos se han conservado del templo original, construido en estilo gótico mudéjar: la primitiva portada principal y la torre. La portada de ladrillo, hoy cegada, está compuesta por un arco conopial enmarcado que llega hasta el suelo. En las enjutas se dispone una vistosa decoración de alicatado geométrico en blanco, rojo, azul y verde, con esquema semejante a los que aparecen en la Alhambra de Granada o en la Capilla Real de la mezquita de Córdoba. La portada actual es un sencillo arco de medio punto rematado por dintel. La torre, de planta cuadrada, está construida en ladrillo y presenta el característico esquema decorativo de tradición almohade, la denominada labor de *sebka*, compuesta por redes de rombos. El remate de la torre es una media esfera revestida de azulejos vidriados. Se construyó separada de la iglesia, siguiendo la tradición de los alminares pero en la reforma del siglo XVI quedó unida al templo. El aspecto interior, dividido en tres naves, corresponde a la reforma del siglo XVIII, realizada bajo proyecto de Felipe de Unzurrúnzaga, que transformó un templo gótico-mudéjar en otro barroco. Se erigió entonces una nueva sacristía, la portada principal, las capillas más interesantes del interior, se rebajaron los suelos y se instaló la nueva cubierta. Una profusa decoración de yeserías vegetales doradas y policromadas, hojarascas y molduras diversas recubre todo el espacio y le confiere un aspecto unitario. Las cubiertas de las naves se solucionaron con bóvedas de cañón rebajado con arcos fajones y lunetos, que ocultaron las armaduras mudéjares originales. En las naves laterales se abren capillas; en el lado de la Epístola, a los pies de la iglesia, se dispone una de mayor amplitud, cubierta con bóveda de cuarto de esfera. Destacan asimismo las que ocupan la zona del crucero en ambos laterales: la del Pilar, en el lado del Evangelio, y la opuesta, que presenta en su frente un relieve de la Útima Cena, dedicada al Santísimo. Estos espacios presentan también una exuberante ornamentación de carnosas yeserías y rocallas, características del arquitecto Unzurrúnzaga.

La Capilla Mayor ostenta una cúpula decorada con menudas yeserías doradas. El retablo presenta placas recortadas y grandes ménsulas revestidas de yeserías doradas que destacan sobre el tono verde del fondo. Procedente del convento de Santo Domingo de Archidona, se situó aquí después de la Guerra Civil. Entre las obras de arte que alberga la iglesia merece destacarse la imagen del titular, donación realizada por los Reyes Católicos.

El coro queda situado a los pies y se prolonga sobre las naves con la apertura de tribunas.

CASA DE GÁLVEZ: Granada, 61. Frente a la iglesia parroquial de Santiago, cuya fachada, dividida en tres pisos, presenta un rítmico diseño de balcones de rejería curva. El edificio, proyectado por José Martín de Aldehuela, es una interesante muestra de la arquitectura civil del siglo XVIII. La portada está compuesta por un vano adintelado flanqueado por pilastras cajeadas que soportan un entrablamento decorado con guirnaldas y rocallas. La cornisa ostenta en su centro el escudo de los Gálvez. En la vecina calle de Tomás de Cózar, perpendicular a calle Granada, pueden contemplarse fachadas representativas de la arquitectura de los siglos XVIII y XIX, con balcones y rejas de hierro forjado. En la zona próxima a esta calle se aprecian los restos de la estructura urbana de época islámica, con su característico trazado sinuoso y la existencia de recovecos y adarves.

PLAZA DE LA MERCED: La calle Granada se abre en una amplia explanada presidida en su centro por el Obelisco del General Torrijos. El origen de esta extensión se remonta a la etapa romana; en el transcurso de las excavaciones realizadas en la zona aparecieron los restos del graderío de un anfiteatro, monumento que debieron conocer los árabes, que llamaron a la vecina puerta de la muralla, luego conocida como Puerta de Granada, *Bib-Almalaab* (Puerta del Teatro). Se llamó plaza del Mercado y, durante los años treinta, plaza de Riego, en memoria del general liberal Rafael de Riego. En esa época estaba adornada de álamos, de donde proviene el nombre de la calle que desemboca en la plaza. A la izquierda de la plaza estuvo la iglesia y convento de la Merced; al frente el de la Paz y, a la derecha, el hospital de Santa Ana.

En el lugar que ocupaba la iglesia de la Paz, en el lado norte de la plaza, fue construida la manzana de edificios conocida por **Casas de Campos**, que debe su nombre a su promotor, Antonio Campos Garín, uno de los más decididos impulsores del desarrollo capitalista de la Málaga decimonónica. Ocupan dos amplias manzanas de diseño unitario: bajo, tres pisos y un ático a modo de remate. En los pisos principales y en el ático se abren balcones. Los encargados del proyecto, iniciado en 1870, fueron Rafael Moreno y Jerónimo Cuervo. En una de las casas que configuran el conjunto nació Pablo Ruiz Picasso, el 25 de octubre de 1881.

En la plaza de la Merced vivieron muchos otros artistas malagueños: Fernando Ortiz, escultor, miembro de la Real Academia de San Fernando; el pintor valenciano Bernardo Ferrándiz, afincado en Málaga y maestro de la escuela pictórica malacitana del XIX ; el arquitecto Juan Nepomuceno Avila, autor del hospital de Santo Tomás; José Ruiz Blasco, padre de Picasso, también pintor, y el escultor Diego García Cerreras, autor, entre otras obras, de los leones y jarrones que adornan la escalera principal del Ayuntamiento, además de los relieves de las fachadas.

EL OBELISCO: El diseño, inspirado en obras francesas de finales del siglo XVIII, fue asignado a Rafael Mitjana, arquitecto municipal y levantado en el año 1842 por el Ayuntamiento en homenaje al general liberal José María de Torrijos y sus compañeros levantados contra el poder absolutista de Fernando VII. El pequeño grupo, que desembarcó en las playas de Mijas, a la altura del faro de Calaburras, fue capturado on una alquería de Alhaurín de la Torre el 5 de diciembre de 1831 y fusilados en las playas de San Andrés el 11 del mismo mes. El lugar está marcado por una cruz de hierro sobre un basamento de piedra que existe en la calle de Lebrija, levantada por el Ayuntamiento en 1868. El autor proyectó tres basamentos de piedra con la dedicatoria del pueblo malagueño y los nombres de los caídos por la causa liberal, y en la parte superior dispuso el obelisco, una pirámide estilizada adornada con coronas de laurel Bajo el obelisco reposan sus restos y los de dos de sus compañeros, Flores Calderón y López Pinto, trasladados desde el cementerio de San Miguel donde se hallaban. Los demás miembros del grupo habían sido inhumados en una fosa común. En 1858 sufrió una reforma que le confirió el aspecto actual y gracias a la cual se reorganizó la plaza con la instalación de bancos, surtidores y farolas y la reordenación del arbolado.

CASA NATAL DE PICASSO: Forma parte del conjunto de las llamadas *Casas de Campos*. Fue construida en 1870 según los planos originales del maestro Rafael Morero y terminada por el arquitecto Jerónimo Cuervo, quien introdujo algunas reformas. Pablo Ruiz Picasso nació en la segunda planta. Una placa, obra del escultor malagueño Berrocal, recuerda la efeméride. Fue colocada por el Ayuntamiento para conmemorar el primer centenario del genial pintor. El edificio ha sido declarado monumento histórico-artístico. El padre de Picasso fue profesor de la Escuela de Bellas Artes y director del Museo Municipal, instalado entonces en la antigua casa consistorial en la calle de San Agustín.

TEATRO MIGUEL DE CERVANTES: calle Ramos Marín. ☎ 952 224 109. Desde la plaza de la Merced, continuando por la calle Pallete, junto a la casa natal de Picasso, se llega a la fachada lateral del Teatro Cervantes. Ubicado en el solar de la huerta del antiguo convento de la Merced, el edificio surgió a partir de la remodelación del antiguo Teatro de la Merced, al aire libre, utilizado durante el verano para actos públicos. Con motivo de la visita de la reina Isabel II a Málaga en 1862 se edificó un nuevo teatro cerrado que se llamó Teatro del Príncipe Alfonso y fue inaugurado el 18 de octubre. Después de la caída de la monarquía recibió el nombre de Teatro de la Libertad. En 1869 sufrió un grave incendio y quedó destruido por completo. El actual Teatro Miguel de Cervantes se levantó sobre estas ruinas y fue inaugurado en diciembre de 1870. El proyecto se debe a Jerónimo Cuervo. Es de planta rectangular en la que se inscribe un segundo cuerpo en forma de herradura, que forma el patio de butacas. Sobre él hay cuatro pisos, disposición que sigue modelos europeos del siglo XVIII. El arquitecto Cuervo diseñó la decoración del conjunto y los elementos adosados en los antepechos de los palcos. Lo más interesante de la ornamentación es la pintura del techo, realizada por el malagueño Bernardo Ferrándiz, que representa una alegoría de la ciudad. En la obra aparecen diversos símbolos de la urbe; la actividad industrial queda reflejada en la representación de la fábrica de azúcar y de los altos hornos, el puerto malagueño se identifica con el desarrollo comercial de la ciudad, mientras que el ferrocarril es signo de progreso.

En cuanto a la fachada, recurre a un lenguaje clásico de gran sobriedad. Consta de un cuerpo rectangular dividido en cinco calles. La decoración de las ventanas se realizó a base de estucos que alternan con semicolumnas y pilastras. El eje central queda subrayado con la presencia del frontón. Fruto de una reciente rehabilitación se han instalado las marquesinas, cuyo diseño no distorsiona en el planteamiento general de la fachada. A mediados de siglo fue utilizado como cine y en 1984 se reabrió como teatro municipal.

LA CAPILLA DEL AGUA: calle del Agua esquina calle de la Victoria, es un pequeño edificio construido en 1800 por la Hermandad del Santo Rosario, para dar culto al Cristo del Rescate o del Socorro. De aire popular, semejante a las capillas callejeras que existen en algunos pueblos de la provincia, el edificio responde al gusto barroco. El interior, de planta poligonal irregular, está decorado con yeserías. En la fachada se abre un gran arco de medio punto acristalado que permite la contemplación de las imágenes del Cristo del Rescate y de la Virgen de Gracia. Una pequeña cúpula hexagonal con adornos cerámicos remata el conjunto. La capilla se encuentra situada en el corazón de un barrio popular en el que existen calles sin salida, semejantes a los adarves de tradición islámica. En la zona se han hallado los restos de dos mezquitas.

CAPILLA DEL HOSPITAL DE SAN LÁZARO: calle de la Victoria, un poco más adelante que la anterior. Fundada como lazareto por los Reyes Católicos en 1491. De la primitiva construcción sólo se ha conservado la capilla, de estilo mudéjar. Consta de una sola nave y presbiterio elevado, espacios que se cubren con armaduras de madera. En la cripta-enterramiento subterránea se han conservado pinturas murales de gran expresividad datadas a finales del siglo XVII y principios del XVIII. Son imágenes de tétrica apariencia que representan enfermos y emblemas de la muerte. El conjunto compone una escalofriante alegoría de la fugacidad de la vida y lo inexorable de la muerte. Los nichos se coronan con cráneos y tibias cruzadas, modelo semejante al que aparece en el vecino santuario de la Virgen de la Victoria. La portada original, un arco de piedra enmarcado, fue alterada en el transcurso de sucesivas restauraciones.

SANTUARIO DE LA VIRGEN DE LA VICTORIA: Plaza de la Victoria. Es una de las más visitadas de la ciudad. El origen del santuario se encuentra en una pequeña ermita levantada para custodiar una imagen de la Virgen, en el mismo lugar donde estuvo emplazado el campamento del rey Fernando el Católico durante la batalla de Málaga, en 1487. El triunfo cristiano se asoció inmediatamente con la protección otorgada por la imagen, que recibió a partir de entonces el sobrenombre de Virgen de la Victoria. Poco tiempo después se edificó junto a la ermita un convento de frailes mínimos y una nueva iglesia que fue consagrada en 1518. El templo constaba de una sola nave cubierta con armadura de madera, y capillas laterales. Sobre el solar de esta primitiva construcción se erigió el templo actual que, con su camarín-torre constituye una de

las obras maestras del barroco de finales del siglo XVII. Las obras del nuevo edificio fueron impulsadas por el Conde de Buenavista, que se ofreció a costear la reparación de la iglesia, disponiendo asimismo la construcción de una capilla para su enterramiento. El mal estado de la fábrica determinó el levantamiento de una iglesia de nueva planta; las obras comenzaron en 1693 y en 1700 quedaba inaugurada. Además del panteón privado el conde mandó construir uno comunitario, levantó el pórtico, el campanario, la sacristía y el camarín.

La fachada de la iglesia presenta un amplio pórtico con arcos de ladrillo, en cuyo ángulo se levanta la espadaña. Destaca especialmente el potente volumen de la cabecera, a modo de torre adosada al templo. El interior, de planta de cruz latina, consta de tres naves separadas por gruesos pilares; las laterales están divididas en capillas que se comunican en sentido longitudinal por medio de arcos. Sobre las capillas aparecen tribunas. La cubierta central es una bóveda de cañón con lunetos y arcos fajones, mientras que sobre las naves laterales se disponen tramos de bóvedas de arista. Sobre el crucero surge la cúpula semiesférica sobre pechinas decoradas con pinturas. Los brazos del crucero presentan testeros curvos ocupados por sendos retablos. El coro se sitúa a los pies. La decoración del santuario de la Virgen de la Victoria está realizada a base de yeserías carnosas naturalistas, muy extendidas por toda Andalucía. Todo el programa iconográfico del conjunto, de carácter simbólico y alegórico, pretende despertar la devoción de los fieles por medio de la instrucción didáctica. En el diseño de dicho programa intervino el fraile mínimo fray Alonso de Berlanga y el arquitecto y decorador Felipe de Unzurrúnzaga, a quien el Conde de Buenavista hizo venir desde Madrid. El estilo del conjunto se vincula al arquitecto Hurtado Izquierdo pero la autoría de Unzurrúnzaga está probada.

Entre las obras de arte que acoge el santuario destacan una *Dolorosa* de Pedro de Mena, la imagen de la Virgen de la Caridad, y copias de cuadros de Murillo o Caravaggio. Asimismo, completan la decoración obras escultóricas de artistas locales de los siglos XVII y XVIII y algunas pinturas interesantes, entre ellas una de Juan Niño de Guevara.

El elemento más destacado del santuario está compuesto por la cripta y el camarín, comunicados por una escalera. El conjunto está decorado con un complejo programa iconográfico muy característico del barroco. Las interpretaciones son diversas; para algunos investigadores el argumento desarrollado se relaciona con los ejercicios de San Ignacio de Loyola, para otros eruditos los tres espacios: cripta, escalera y camarín, corresponden a las tres edades de la vida espiritual del hombre, la vía purgativa, la vía iluminativa y la vía unitiva. El panteón de los Condes de Buenavista es un espacio de planta cuadrada donde se abren nichos separados por pilastras, decoradas con tétricas imágenes. Representaciones de la muerte, cuerpos que caminan hacia la otra vida, esqueletos que portan símbolos de la fugacidad del tiempo y calaveras, componen un inquietante desfile de personajes macabros. Los monumentos funerarios de los condes presentan figuras orantes. Es este un ámbito donde la muerte y el pecado mueven al fiel a arrepentirse e iniciar su camino de purificación, que se identifica con el ascenso a través de la luminosa escalera, hasta culminar el camarín de la Virgen. De planta octogonal y revestido de abundante ornamentación, este espacio simboliza la gracia de Dios a la que se accede por intercesión de Santa María. Una decoración de yeserías vegetales de apariencia carnosa, frutos, ángeles y flores sirve de marco a cartelas con oraciones, símbolos marianos y espejos que devuelven el reflejo de la imagen de María en su trono. Esta composición constituye una fiel interpretación de las letanías marianas cuando aluden a la Virgen como espejo que refleja la luz del sol. La imagen ha sido tradicionalmente atribuida a un artista del siglo XV procedente del norte de Europa. Se dispone sobre un baldaquino de madera tallada y dorada, realizado entre 1694 y 1700.

De regreso a la plaza de la Merced, tomamos la calle Alcazabilla, que conduce en sentido descendente hacia las ruinas del teatro romano. A la altura del teatro, en el lado derecho de la calle Alcazabilla, se abre una pequeña extensión ajardinada cerrada por la parte trasera de un conjunto de casas que rodean la iglesia de San Agustín. La plazuela está presidida por la estatua de **Ben Gabirol**, poeta y filósofo malagueño que vivió en el siglo XI. El monumento fue realizado en 1970 por el escultor estadounidense Reed Armstrong.

EL TEATRO ROMANO: calle Alcazabilla. Se encuentra al pie de la Alcazaba y fue descubierto en el año 1951 cuando estaba casi concluido el edificio de la Casa de la Cultura y se procedía a la realización de un jardín que debía ser la entrada al mismo. En las excavaciones apareció un arco de piedra que poco después se comprobó que pertenecía a un teatro romano. Las huellas del periodo de asentamiento romano en Málaga son numerosas, como demuestran los restos hallados en diversos puntos de la ciudad. Actualmente las excavaciones realizadas han sacado a la luz una galería abovedada que servía de entrada al escenario o *proscaenium*, parte del cual se conserva, fragmentos de la *orchestra*, lugar donde se sentaban los personajes principales que ahora es de forma casi semicircular y mide unos 15 m, el graderío o *cavea* de 31 m de radio por 16 m de alto, con trece gradas y el *vomitorium*, entrada a las gradas. Los romanos construyeron el teatro en la ladera del monte de la Alcazaba, aprovechando, como era habitual, el declive del terreno. El edificio corresponde a la época del emperador Augusto, si bien fue reconstruido posteriormente. En el siglo III fue cayendo en desuso y poco a poco a se abandonó, quedando el espacio destinado a otros usos. En el lugar han aparecido tumbas y restos de cerámica de época tardorromana perteneciente a la etapa de los primeros cristianos, como atestiguan los motivos decorativos: la cruz, la paloma, representaciones alegóricas de pesca o la escena de Jonás en el interior de la ballena. Posteriormente, los árabes debieron utilizar el teatro como cantera, aprovechando sillares y columnas para la construcción de la Alcazaba.

LA ALCAZABA: Alcazabilla, s/n. ☎ 952 12 20 20. Impresionante edificación, en su mayor parte construida en el siglo XI, fue el palacio-fortaleza de los gobernantes musulmanes de la ciudad y es el único testigo arquitectónico de la Málaga medieval. La Alcazaba está emplazada en la zona oriental de la ciudad, protegida al este por el castillo de Gibralfaro y al sur por el mar. Lugar de asentamiento romano que aprovecharon los árabes durante el Califato, según algunas investigaciones debió ser edificado por orden de Yahya, primer emir de la dinastía Banu Hammud. No obstante, la parte más antigua de lo conservado corresponde al periodo de los Reinos de Taifas. La taifa malagueña pasó a depender de la granadina en el año 1057. El rey Badis proyectó entonces un recinto de planta irregular alargada, que en parte aprovechaba el alcázar anterior, edificado por los hammudies. Empleó sillares de piedra caliza alternados con ladrillo, materiales cuya fragilidad haría necesaria una reparación del recinto en el siglo XIV. La fortaleza constaba de un doble recinto jalonado por numerosas torres defensivas. Además, por el lado norte, zona de unión con la ciudad, la muralla quedaba protegida por una barbacana. La inseguridad de la época tras la desmembración del Califato hacía necesario este reforzamiento de las defensas militares.

El interior de la Alcazaba está ocupado por un palacio, organización que integra de este modo la necesidad defensiva con la existencia de un espacio dedicado a la vida civil. Esta combinación de funciones es la que posteriormente se dará, a mayor escala, en la Alhambra granadina, recinto fortificado y residencia palaciega al mismo tiempo.

Desde el punto de vista estilístico, la influencia de la corte cordobesa determinó una continuación de las formas empleadas durante la etapa califal, aunque enriquecidas con el refinamiento que esta época de decadencia política y militar hacía posible. En la zona palaciega el rey Badis mandó construir un pabellón de arcos entrecruzados; asimismo, se inspiró en los modelos califales para las arquerías de herradura y para los capiteles, algunos labrados con la técnica de trépano característica de *Madinat al-Zahra*. La ciudad palatina de Abd al-Rahman III en Córdoba inspiró igualmente la decoración de los zócalos empleados como resvestimiento de muros interiores. En ellos puede apreciarse la talla a bisel que pretende emular, con menos medios y a menor escala que en la ciudad áulica cordobesa, el esplendor y el lujo de otras épocas. Después de la conquista de Málaga la Alcazaba mantuvo su importancia desde el punto de vista estratégico y militar; para su conservación y reparación se destinaron impuestos e incluso se edificaron dependencias nuevas como las caballerizas. En 1786 el recinto militar fue demolido. No obstante, durante el siguiente siglo, a pesar de su estado ruinoso, la Alcazaba fue empleada como guarnición hasta 1843. A partir de esta fecha fue surgiendo en torno al monumento y en su interior un populoso y humilde barrio, carente de las mínimas condiciones de higiene y comodidad. Hasta el siglo XX no se volvió a tomar en consideración la situación de la Alcazaba; el arquitecto Antonio Palacios y Juan Temboury, erudito e historiador local, apoyados por otras personalidades interesadas con la conservación de los bienes artísticos, lograron que a partir de 1933 se iniciaran las obras de excavación y derribo del recinto, en el transcurso de las cuales salieron a la luz numerosos restos cerámicos de notable interés.

RECORRIDO: El ascenso a la Alcazaba comienza desde la calle Alcazabilla, dejando a la derecha una torre cuya base está formada por sillares romanos. Antes de iniciar el recorrido encontramos el busto de Don Juan Temboury, una de las personalidades que más hicieron por la recuperación de la Alcazaba y de tantos monumentos de la ciudad, a principios del siglo XX. Desde el arco de entrada el itinerario se dirige hacia la izquierda hasta alcanzar el gran arco de ladrillo que sirve de ingreso a una torre, cuya parte superior corresponde a una remodelación reciente. Desde este punto arrancaba el lienzo de muralla que unía el recinto con la ciudad. El arco de entrada, en parte reformado, conserva el dintel original y da acceso a un espacio abovedado en recodo. El arco de salida es de herradura y alterna sillar y ladrillo, algo característico de las construcciones del siglo XI. Un poco más adelante atravesamos el muro bajo un arco de herradura apuntado que descansa en capiteles corintios y fragmentos de fustes acanalados, procedentes, probablemente, del vecino teatro romano. Se abre a continuación una plaza de la que parte un camino en rampa que termina en el llamado Arco del Cristo, decorado en su clave con una llave, motivo que aparece en otras puertas de la Alhambra granadina. El arco da entrada a otro pasadizo abovedado en recodo que ocupa también el interior de una torre. Esta puerta fue reconstruida en época nazarí, durante los siglos XIII y XIV. La actual Plaza de Armas corresponde a una reconstrucción actual que instaló en la explanada jardines y una pérgola. Por encima queda la Puerta de los Arcos de Granada, que sólo ha conservado de su construcción original la zona inferior y el arranque del arco, y que constituye el acceso a la parte superior del recinto. La parte inferior de esta parte elevada está ocupada por una serie de compartimentos que al parecer eran utilizados como almacén de grano o mazmorras. La reconstrucción del arquitecto Guerrero Strachan dispuso un pequeño jardín en esta zona. Tras los derribos del año 1933 que destruyeron las casas que ocupaban la parte central del recinto, quedaron al descubierto los llamados Cuartos de Granada, constituidos por tres núcleos residenciales; el primero corresponde al palacio que edificó el rey Badis en el siglo XI. De los otros dos, construidos en los siglos XIII y XIV, quedan los cimientos. Los tres palacios se disponen en sentido paralelo y contiguos. Entre lo más destacado de la residencia del rey Badis se encuentra el pórtico meridional, constituido por tres arcos cuyas dovelas, labradas con delicados atauriques, presentan la característica alternancia de color, rojo y blanco, propia del arte califal. Los arcos apoyan en columnas granadinas, sólo una original, correspondientes a la restauración del palacio en Época nazarí. En la parte occidental existe un pequeño pabellón de planta cuadrada, que también ha sido reconstruido, formado por arcos lobulados entrecruzados de inspiración cordobesa. Supone un interesante intento de abrir

vanos, algo poco común en la arquitectura de otros alcázares, y que expresa claramente la voluntad de los reyes taifas de imitar el lujo y el refinamiento de la antigua corte cordobesa. La escasez de los restos hallados no permitió una reconstrucción fidedigna de los otros dos palacios. Los ambientes nazaríes han sido recreados con alzados de nueva planta.

Por encima de los palacios apareció un barrio de viviendas, con calles estrechas y enlosadas y organizado en tres manzanas, que contaba con un pequeño baño. La zona parece ser contemporánea del palacio del rey Badis (siglo XI). Los restos permiten reconstruir las viviendas características del urbanismo musulmán, de pequeño tamaño, organizadas en torno a un patio, con puertas que no suelen estar enfrentadas y pasillos acodados para acceder a los patios. Se trata del barrio de casas más antiguo de los conservados en España. Este conjunto de viviendas se asocia con el barrio castrense de la Alhambra, construido en el siglo XIII, del que el ejemplo malagueño sería un precedente. Completan el recinto la Torre del Homenaje, construida en el siglo XV, y un gran pozo de agua más de 40 m de profundidad situado en el recinto inferior, excavado en la roca y formado por arcos de ladrillos y que abastecía a la Alcazaba. Para concluir la descripción de la Alcazaba malagueña es necesario hacer mención de otro elemento característico de la arquitectura militar islámica, la Coracha, camino protegido por muros que ponía en comunicación el recinto de la Alcazaba con el vecino castillo de Gibralfaro. Sus restos son aún visibles. De trazado zigzagueante, la coracha serpentea sobre la pendiente del cerro hasta desembocar en la Puerta del Socorro o de los Abencerrajes, que antiguamente franqueaba el acceso al castillo. En la actualidad esta comunicación se encuentra cerrada. Existía una segunda coracha, marítima, que partiendo también desde la Alcazaba descendía por la pendiente en dirección al mar. Debió conservarse hasta 1839, año en que fue derribada. Toda esta zona en pendiente que, dentro del recinto amurallado, discurría paralela a la costa, está ocupada en la actualidad por los Jardines de Puerta Oscura. Durante el Bajo Imperio romano se construyeron en este lugar diversas villas, como han demostrado los restos arqueológicos encontrados en toda la zona. En la villa romana de Puerta Oscura, excavada hacia 1915, aparecieron mosaicos y diversos fragmentos arquitectónicos como fustes de columnas, así como interesantes restos cerámicos.

LA ABADÍA DE SANTA ANA DE RECOLETAS BERNARDAS DEL CÍSTER: calle Císter. Al comienzo de la calle se abre, a mano derecha, un estrecho callejón, presidido al fondo por la Abadía de Santa Ana fundada a comienzos del siglo XVII. Diversas vicisitudes motivaron sucesivas reformas del conjunto; la última, en los años ochenta de nuestro siglo, ha tenido como resultado un nuevo edificio que recrea en lenguaje mudéjar la primitiva construcción. El templo, datado en 1878, presenta una sola nave cubierta con bóveda de medio cañón. La portada exterior, en piedra, está compuesta por un arco de medio punto entre pilastras cajeadas. En la hornacina central se representa a la santa titular. Entre las piezas escultóricas que alberga la iglesia destacan especialmente dos bustos que representan al Ecce Homo y a la Dolorosa, realizados por Pedro de Mena (1628-1688). Se atribuyen al mismo artista o a sus hijas, que profesaron en este convento, algunas otras tallas que se conservan en clausura.

En el recoleto espacio que origina el callejón de los Afligidos, una placa de cerámica vidriada recuerda el lugar donde vivió y murió el insigne escultor Pedro de Mena. Nacido en Granada, desarrolló lo más interesante de su producción en la ciudad de Málaga, donde se trasladó en 1658.

A pocos pasos se encuentra la fachada lateral de la Catedral, punto donde comenzamos este primer paseo por la ciudad de Málaga.

II - MÁLAGA MEDITERRÁNEA

Desde las inmediaciones de la Alcazaba, este segundo itinerario recorre una extensa franja que discurre paralela al mar, la Avenida de Cervantes, jalonada por diversos edificios representativos de la arquitectura civil de principios de siglo, el más interesante de los cuales es el ayuntamiento. Toda esta zona está dominada por el cerro de Gibralfaro.

PALACIO DE LA ADUANA: Avda. Cervantes. La construcción del edificio se inició en 1791, pero diversas dificultades motivaron la paralización de las obras en 1810. Reanudadas en 1826, la Casa de la Aduana se terminó en 1829. Durante la ocupación francesa sirvió de cuartel y sufrió graves destrozos en su interior. El proyecto se debe al arquitecto Manuel Martín Rodríguez, que diseñó un edificio académico conforme al gusto neoclásico de la Época, pero cercano a la vez a los modelos renacentistas y barrocos. Empleado como fábrica de tabacos en un principio, en 1839 acogió diversas dependencias de la hacienda pública y más adelante fue sede de la Diputación Provincial. En planta la Casa

de la Aduana es un cuadrado de grandes dimensiones. En alzado presenta en la parte inferior un piso de almohadillado de piedra, mientras que los muros de las dos plantas superiores, de ladrillo, están horadados por ventanas en disposición simétrica, la central rematada con cartela en la que aparece la fecha de 1842. Como remate se dispone bajo el alero un cuerpo de ventanas cuadradas. La fachada occidental, que se abre al parque, tiene mayor entidad que las restantes; un balcón con balaustrada, instalado en 1862 con motivo de la visita de la reina Isabel II, recorre los tres huecos del piso principal. Lo más destacado del interior son las dos escaleras que se abren tras el vestíbulo y un patio con arcos que descansan en pilares. El cuerpo superior queda retranqueado tras una balaustrada decorada con bustos. El palacio va a ser la futura sede del Museo de Bellas Artes de Málaga y el Museo Arqueológico Provincial

PALACIO DEL CONDE DE VILLALCÁZAR: calle Cortina del Muelle. Junto a la Aduana está ubicado este edificio construido también en el siglo XVIII, y actual sede de la Cámara de Comercio. El origen del palacio está en un grupo de casas del siglo XVI que sufrieron reformas y ampliaciones en el transcurso de los años. En dichas remodelaciones intervinieron los arquitecto Felipe de Unzurrúnzaga y, probablemente, José Martín de Aldehuela, a quien se atribuye el conjunto. Dividido en sótano y tres plantas, la portada del edificio responde al sentido clásico y austero dominante en el momento de su construcción.

ANTIGUO EDIFICIO DE CORREOS: Cervantes, s/n. Edificio proyectado por Teodoro Anasagasti. Su estilo responde al gusto regionalista que incorpora en este caso los rasgos más característicos del arte mudéjar, de moda en la época. De planta cuadrada, las esquinas de la fachada principal son redondeadas y llevan empotradas torrecillas de planta circular. En la parte inferior aparece un elevado basamento de ladrillo y piedra. La portada principal está formada por un arco de medio punto de ladrillo enmarcado. En la parte superior se disponen, cobijados bajo un tejadillo, cuatro arquillos ciegos que flanquean un escudo. Los dos pisos superiores, de mampostería y ladrillo, presentan vanos y tejaroces.

BANCO DE ESPAÑA: Cervantes, s/n. Situado muy cerca de la antigua casa de correos aparece la monumental fachada de este edificio de estilo neoclásico proyectado entre 1933 y 1936 y que se abre con un grandioso pórtico columnado, que preside el frente principal hacia el Parque muy acorde con la imagen simbólica de una sede bancaria.

AYUNTAMIENTO: Cervantes, s/n. Constituye una buena muestra de la arquitectura local de principios de siglo. Concebido conforme a las características del lenguaje neobarroco, el proyecto se debe a los arquitectos Fernando Guerrero Strachan y Manuel Rivera Vera. El edificio fue terminado en 1919 y es un magnífico ejem-

plo de los estilos regionalistas que dominaban a principios del siglo XX. Presenta planta rectangular resaltada en los ángulos con cuatro cuerpos cuadrados. La parte central de cada fachada queda también remarcada con la disposición de pórticos de acceso. El que ocupa la fachada principal se eleva sobre un basamento almohadillado por encima del cual aparece el amplio balcón, rematado con frontón y coronado en la parte superior por el reloj. El frontón de la fachada principal está decorado con figuras alegóricas que aluden a las principales actividades de la ciudad de Málaga, como el comercio o la pesca, y simbolizan también la arquitectura. Este conjunto escultórico fue realizado por Francisco Palma. El resto del programa iconográfico que decora el edificio responde igualmente al deseo de ensalzar aquellos elementos que posibilitaron el despegue económico de la urbe en el siglo XIX. Junto a la puerta principal, en una lápida, queda escrita la leyenda *Siempre Denodada, Muy Benéfica, Muy hospitalaria, Muy Leal*, que define a la ciudad de Málaga.

JARDINES DE PEDRO LUIS ALONSO: Situados frente a la fachada oriental del ayuntamiento junto con los de Puerta Oscura, componen un magnífico paisaje que sirve de marco a esta serie de edificios. La configuración definitiva de este área se llevó a cabo en el siglo XIX como consecuencia del proyecto de reconstrucción de la Alcazaba y de urbanización de las inmediaciones de la Coracha. Se planeó entonces un conjunto de zonas verdes con plantas y árboles que servirían de escenario al nuevo centro administrativo de la ciudad, donde se concentraban edificios tan significativos como los mencionados anteriormente. Los jardines fueron realizados por Fernando Guerrero Strachan entre 1937 y 1949. Su diseño responde al criterio regular propio del jardín público del siglo XIX, no obstante, en los motivos decorativos se incorporaron detalles regionalistas. En el centro de la explanada aparece una enorme pajarera y en los extremos una alberca y un estanque circular.

JARDINES DE PUERTA OSCURA: En la ladera sur del cerro de la Alcazaba y recostados sobre la pendiente: jacarandas, eucaliptos y cipreses que componen un bello telón de fondo para los edificios de la avenida y ofrecen una de las perspectivas más espectaculares de la ciudad. árboles y plantas se disponen en terrazas y originan un frondoso bosque a los pies del edificio musulmán. Su nombre se debe a una puerta musulmana, así llamada, que existió en el mismo lugar, así como villas romanas de las que fueron halladas importantes restos en unas excavaciones realizadas en 1915. El mar llegaba a la parte baja de estos jardines que fueron popularizados en la copla por Concha Piquer.

FUENTE DE LAS TRES NINFAS: La avenida de Cervantes finaliza en la plaza del General Torrijos, presidida en su centro por esta fuente trasladada a este lugar desde su primitivo emplazamiento en la Plaza de la Constitución. El autor del proyecto fue J. Vasque. Las ninfas, protectoras de las aguas de los ríos y lagos según la mitología clásica, están representadas en las tres figuras semidesnudas que portan un ramo de guirnaldas, la hoz y el remo, atributos de la fecundidad. Otras interpretaciones consideran que las figuras representan en realidad a las Tres Gracias, *Eufrosine, Talía y Aglae*, hijas de Zeus. Los delfines situados a sus pies vierten el agua en la taza, en cuyo borde aparecen doce cabezas de leones. El modelo parece inspirarse en obras del escultor francés del siglo XVI, Germain Pilon.

PLAZA DE TOROS DE LA MALAGUETA: Paseo de Reding. Construida en el año 1874 por Joaquín Rucoba, en estilo neomudéjar, se encuentra en el Paseo de Reding, en terrenos de la Malagueta, y tiene capacidad para 14.000 personas. La inauguración tuvo lugar el 11 de junio de 1876. La Plaza de la Malagueta tiene la forma de un polígono regular de 16 lados. Las dependencias son amplias y excelentes. Tiene cuatro corrales, 10 chiqueros, corraleta para la prueba de caballos, capilla, enfermería, administración, etc. En sus dependencias se encuentra ubicado el Museo Taurino Antonio Ordoñez.

ANTIGUO HOTEL MIRAMAR: Paseo de Reding, 22 Actual sede de los juzgados. Su construcción se llevó a cabo entre 1921 y 1926 con proyecto historicista de Guerrero Strachan. El Miramar fue, hasta su cierre en los años sesenta, uno de los centros más importantes de reunión de los malagueños. Sus salones fueron escenario de celebraciones y bailes. El edificio presenta tejados a distintos niveles, elemento característico del autor de la traza, y un vistoso juego de policromía en la fachada, gracias a la combinación de los paramentos en ocre, las pilastras en tono beige, diversos elementos pintados y el revestimiento de cerámica. La fachada que se abre al mar presenta torres y una dinámica disposición de vanos, diseño alegre que resulta oportuno para la función original del edificio. Esta primitiva adecuación se ha perdido en la actualidad. En el interior destaca el patio con arquerías de medio punto sobre columnas, cuyos capiteles presentan decoración neoplateresca, como el cuerpo superior. Una gran claraboya sirve de cubierta. En el patio se abren dos puertas de estilo neoárabe que reproducen ejemplos de la Alhambra. Actualmente han comenzado las actuaciones previas para construir el nuevo Gran Hotel Miramar Málaga, que está previsto que abra en el verano de 2017.

CEMENTERIO INGLÉS: Avenida de Príes, 1. Fue el primer cementerio protestante de España abierto a instancias del cónsul inglés William Mark, en 1830 y en él está enterrado Robert Boyd, liberal irlandés que acompañó a Torrijos y fue fusilado con él. Merece la pena visitar este entorno lleno de serenidad que adquiere la disposición de un jardín romántico, con mausoleos dispersos entre los árboles, monumentos de inspiración clásica, neogótica y modernista. Su origen hay que buscarlo en el desarrollo económico que favoreció a Málaga en el siglo XIX, que atrajo a numerosos comerciantes extranjeros, que fundaron una próspera colonia y muchos de ellos recibieron aquí sepultura. El poeta vallisoletano de la Generación del 27, Jorge Guillén que pasó en Málaga sus últimos días, está enterrado en este cementerio. Merece la pena visitar este sereno entorno, con la disposición de un jardín romántico, con mausoleos dispersos entre la arboleda y monumentos funerarios de inspiración clásica, neogótica y modernista.

EL PARQUE: Es un lugar ineludible por su ubicación absolutamente central en la ciudad. Se extiende paralelo al puerto desde la Plaza de La Marina hasta el Hospital Noble. Fue construido en terrenos ganados al mar y surge del impulso de dotar a la ciudad de un lugar emblemático. Construido sobre terrenos ganados al mar, que constituye uno de los símbolos del esfuerzo de la burguesía del siglo XIX por convertir Málaga en una ciudad moderna. El proyecto de este jardín público fue realizado a finales del siglo pasado y contó con la promoción de Cánovas del Castillo. Con sus más de treinta mil metros cuadrados, acoge diversas especies representativas de la flora tropical y subtropical, algunas de gran exotismo. Entre las más interesantes figuran gran variedad de palmeras, dragos, plátanos orientales o ficus. Caminar por los senderos del parque, jalonados de monumentos y fuentes, constituye un hábito placentero tanto para los malagueños como para los visitantes.

En el extremo oriental del parque, frente a la fuente de las Tres Gracias, aparece el busto de Rubén Darío, sobre un pedestal en forma de tronco de pirámide. Más adelante puede contemplarse el busto del pintor malagueño Bernardo Ferrándiz. A su lado se encuentra el jardín de la cascada, presidido por la Fuente Genovesa o de Carlos V, obra renacentista realizada en mármol, que presenta una gran taza dodecagonal. De probable procedencia italiana, está datada en el siglo XVI aunque presenta añadidos del siglo XVII. El cuerpo inferior del vástago central está ocupado por tres sirenas con las colas entrelazadas, que sostienen coronas de flores. Por encima aparecen otras tres figuras femeninas semidesnudas acompañadas de delfines. En la parte superior se dispone otra taza, decorada en sus bordes con mascarones que vierten el agua, de la que arrancan figuras en posturas manieristas. El remate está constituido por un vástago con Niños y delfines y coronado por un águila. Un poco más adelante se encuentra el auditorio Eduardo Ocón, construido en los años cincuenta, cuyo remate es una magnífica cubierta de hormigón, colgada de un inmenso arco parabólico. Tras contemplar el busto de Muñoz Degrain nos encontramos en una agradable glorieta rodeada de un seto y enmarcada por azulejos en blanco y negro, en cuyo centro se dispone una fuente de azulejos sevillanos. La siguiente rontonda está presidida por la imagen en bronce de uno de los tipos locales más populares, el biznaguero, vendedor de flores, realizada por Jaime Pimentel. Surge a continuación obra rotonda con fuente octogonal de azulejos sevillanos y decorada en el pedestal con motivos platerescos. Una Ninfa de estilo manierista vierte el chorro de agua en un cántaro. En la siguiente glorieta, rodeada por verjas de hierro y bancos de ladrillo y azulejos, aparece el monumento en honor de Cánovas del Castillo (1975). El retrato del político ofrece una apariencia de gran expresividad, lograda gracias al tratamiento impresionista del modelado. El último de los monumentos del Parque está dedicado al poeta Salvador Rueda. Realizado en 1931, ocupa el extremo occidental del paseo. Tiene forma de obelisco truncado en el que queda empotrado el retrato del escritor.

III - MÁLAGA TRADICIONAL

PLAZA DE LA MARINA: Frente al extremo oeste del Paseo del Parque, es la primera plaza que se encuentra al salir del puerto el viajero que llegue por mar. Su ordenación se proyectó a mediados del siglo XIX, cuando demolidas las murallas musulmanas se abrió la ciudad al mar. Posteriormente se convocó un concurso para remodelar el aspecto de este espacio y se construyeron los edificios que cierran la plaza por el lado norte. El conjunto fue proyectado por el arquitecto Juan Jáuregui Briales y construido entre 1949 y 1960. La plaza estaba dotada de frondosa arboleda y había en ella una hermosa fuente y dos esculturas en bronce de dos tipos populares malagueños: el *Cenachero* y el *Biznaguero,* obras de Jaime Pimentel (1968). También se alzó en ella el monumento al comandante Benítez, muerto en la batalla del Annual (Marruecos). Hace pocos años la plaza sufrió una nueva remodelación urbanística según diseño del arquitecto catalán Manuel Solá Morales, que mantuvo la fuente y eliminó la vegetación. Bajo la plaza hay un aparcamiento. Desde la plaza en sentido paralelo al mar, discurre la avenida de Manuel Agustín Heredia. En la confluencia con la Avenida de Colón se eleva el **Monumento a Manuel Agustín Heredia** en honor de uno de los máximos representantes de la industrialización malagueña es una escultura sedente dispuesta sobre un basamento de piedra con relieves alusivos al comercio y la industria de Málaga. Fue realizada en la segunda mitad del siglo XIX.

LA CALLE LARIOS: Es el centro neurálgico de Málaga, los malagueños simplemente la llaman "Larios" y está jalonada de edificios del siglo XIX. La calle arranca junto al monumento en honor del marqués Manuel Domingo Larios y Larios, que fue una de las per-

sonalidades más relevantes del desarrollo comercial de la ciudad en la segunda mitad del siglo pasado. En agradecimiento, los malagueños, por suscripción pública, erigieron esta estatua en su honor. El **Monumento al Marqués de Larios** fue inaugurado el 1 de enero de 1899. Para su realización se convocó un concurso al que se presentaron, entre otros, los escultores Querol y Benlliure. éste último fue el ganador, con un diseño que situaba la imagen del homenajeado, en bronce, sobre un elevado pedestal. Ataviado con levita y sombrero de copa, la figura presenta un gesto elegante y decidido. A sus pies, en una de las caras aparece una alegoría de la ciudad de Málaga, representada en forma de mujer que alza a su hijo; en el lado opuesto un desnudo masculino en bronce, en actitud de marcha y portando el pico y la hazada, simboliza el trabajo.

Su apertura en 1866 como unión recta entre la Plaza de la Constitución y el puerto, respondía a las necesidades de una ciudad moderna y en su origen fue un centro comercial, de ocio y para pasear. Los primeros trabajos, en 1859, corrieron a cargo del arquitecto Moreno Monroy; más adelante continuaron las obras el ingeniero José María de Sancha y el arquitecto Manuel Rivera Valentín. Dificultades económicas detuvieron la construcción hasta que en 1886, gracias a la sociedad mercantil Hijos de Martín Larios, el proyecto recibió un nuevo impulso; se emprendieron entonces una serie de expropiaciones y quedó encargado del diseño urbanístico Joaquín de Rucoba y del arquitectónico Eduardo Strachan Viana-Cárdenas. El trazado, que asume las directrices de la Escuela de Chicago, comprendía doce manzanas de edificios regulares. Las casas constaban de planta baja y principal, unidas en un solo cuerpo, más las dos correspondientes a las plantas de piso y un ático. En las esquinas curvadas se dispusieron balcones corridos y miradores de madera. La decoración, de carácter austero, recurrió a sencillas ménsulas y remates en las ventanas, que alternan sus diseños con frontones curvos y triangulares. Los vanos quedaban subrayados mediante la disposición de molduras. Con una anchura de dieciséis metros, ocho para la vía central de automóviles, el pavimento original era de adoquines de madera. La apertura de la calle del Marqués de Larios tuvo como consecuencia la alteración de la Plaza de la Constitución, antes Plaza Mayor, que quedó trans-

formada en un espacio abierto como conexión entre el norte y el sur de la urbe. Actualmente aunque parte de su pasado esplendor se ha perdido, sigue siendo centro de la actividad comercial malagueña.

PLAZA DE LA CONSTITUCIÓN: Plaza que se abre al final de Calle Larios, era la antigua Plaza Mayor de los cristianos tras la reconquista de la ciudad. En la época medieval existía en este lugar un espacio abierto e irregular, un ensanche que era utilizado por los musulmanes como mercado. Su concepción como sede de funciones públicas y lúdicas, a imitación de las plazas castellanas, se produjo en 1488. A partir de entonces acogió diversas entidades civiles y religiosas, entre ellas el ayuntamiento, la casa del corregidor, la cárcel o el colegio de los Jesuitas. Asimismo, se celebraban en ella Autos de Fe, corridas de toros, paradas procesionales o proclamaciones. El espacio sufrió diversas remodelaciones a lo largo del tiempo; en el siglo XVI se planeó la instalación de soportales en sus lados, pero el proyecto quedó inacabado. Siguieron otra serie de reformas que fueron alterando su trazado, hasta quedar configurada actualmente, como una zona de gran actividad. En el centro, sobre el mismo lugar donde estuvo emplazada la picota para escarnio de malhechores, se alza una fuente, proyectada en 1959, que se inspira en la de las Tres Gracias, que antes de ser trasladada a la plaza del General Torrijos se situaba aquí. Sustituyó, a su vez, a la Fuente Genovesa que hoy decora el Paseo del Parque.

PASAJE DE CHINITAS: Enfrente de la Plaza de la Constitución y al final de la calle Larios, sobre la acera de la derecha, se alza la fachada de uno de los lugares más tradicionales de la ciudad, que cierra por su lado oriental la Plaza de la Constitución. Construido por uno de los hombres de negocios que favorecieron el desarrollo económico de la Málaga decimonónica, don Antonio María Alvarez, está compuesto en la actualidad por un grupo de callejuelas estrechas que se cruzan originando una pequeña plazoleta que antiguamente constituyó el centro de la vida artística y folclórica malagueña, gracias al célebre Café de Chinitas, un tablao en el que se daban cita los mejores cantaores y bailaores del momento: La Niña de los Peines, Juan Breva, Torre, Chacón, El Canario o La Trini. Era también frecuentado por García Lorca, que lo utilizó para escenificar algunos de sus versos:

I
En el café de Chinitas
dijo Paquiro a su hermano:
"Soy más valiente que tú,
más torero y más gitano".
II
En el café de Chinitas
dijo Paquiro a Frascuelo:
"Soy más valiente que tú,
más gitano y más torero".

Actualmente, el antiguo café está ocupado por una tienda de tejidos, aunque mantiene la estructura del patio. Se ubican aquí otra serie de locales, bares y mesones, que contribuyen a hacer del pasaje un lugar muy animado. Los adornos de hierro forjado y los faroles de gas tratan de recrear el carácter de rincón típico andaluz del Pasaje de Chinitas. En la pequeña placita del pasaje trabajaba con su piedra de esmeril el *afilaor* más famoso de Andalucía, Manuel Ocón, un original archivo viviente de la pequeña historia de Málaga.

CASA DEL CONSULADO (SOCIEDAD ECONÓMICA DE AMIGOS DEL PAÍS): Plaza de la Constitución 7. Situado a la entrada de la calle de la Compañía. Es el edificio más interesante de los que cierran la plaza, un magnífico ejemplo de la arquitectura del barroco clasicista en Málaga.

Originariamente formaba parte del Colegio de los Jesuitas, modificado después de la expulsión de la orden, en 1767. La iglesia quedó entonces convertida en oratorio privado y el colegio, vacío en su mayor parte. El Montepío de Socorro para los Cosecheros del Obispado de Málaga, establecido en 1776, solicitó parte del edificio para su sede. El arquitecto José Martín de Aldehuela emprendió en 1782 las obras de adaptación de su interior. La fachada está formada por planta baja y tres pisos superiores con balcones de hierro. La portada es de mármol gris, con arco escarzano entre columnas cuyos capiteles presentan un curioso motivo de paños colgantes. En el entablamento aparecen cestillos de frutas flanqueando el ático, ocupado en su centro por un gran medallón en el que aparece una matrona sentada que socorre a un joven postrado ante ella. El relieve representa la imagen simbólica de la ciudad favorecida por el trabajo, como expresa la leyenda: *socorre al diligente, niega al perezoso.* El diseño del conjunto corresponde al estilo barroco clasicista de José Martín de Aldehuela. En el interior, destaca un patio con fuente, al que da acceso una magnífica reja. Posteriormente, el edificio fue sede del Consulado del Mar, de donde tomó su nombre, y compartió las dependencias del antiguo colegio de jesuitas con el Montepío. Más adelante acogió otras instituciones: en 1790, la Sociedad Económica de Amigos del País y en 1850 la Real Academia de Bellas Artes de San Telmo.

IGLESIA DEL SANTO CRISTO DE LA SALUD: calle de la Compañía. Contigua al edificio anterior y también perteneciente al antiguo conjunto del colegio de novicios de los jesuitas, la iglesia alberga los restos mortales del escultor Pedro de Mena. Desde 1849 está destinada al culto del Cristo de la Salud, imagen venerada en una ermita cercana y a la que se atribuía el milagroso cese de la epidemia de peste que asoló la ciudad en 1649. Desde el punto de vista arquitectónico el Santo Cristo de la Salud es un buen ejemplo del estilo manierista; en cuanto a la decoración, constituye una destacada muestra del incipiente barroco malagueño. Los planos de la iglesia y el colegio de los jesuitas, datados en 1587, se deben a Villalpando. El arquitecto trazó un templo de cruz latina con tres naves inscritas en un rectángulo, siguiendo el ejemplo de la iglesia romana de *Il Gesu*, proyectada por el arquitecto italiano Vignola, cuyo esquema se adaptó con fortuna a los templos de esta orden. En 1598 se iniciaron las obras bajo la dirección de Pedro Pérez. A partir de 1600 existe un nuevo proyecto que presenta planta circular coronada por una magnífica cúpula, debido al hermano Pedro Sánchez, que trabajaba en el Colegio Imperial de Madrid. Los hermanos Jorge Zamora y Alonso Matías quedaron encargados de la continuación del trabajo. El templo fue inaugurado en 1630. Tres años después se realizó el retablo, obra del hermano Francisco Díaz del Rivero; la ornamentación pictórica de la cúpula se llevó a cabo entre 1639 y 1643. La construcción se prolongó hasta 1644 y a la última etapa corresponde la realización de altares y capillas que habrían de albergar a los santos más representativos de la Compañía. En 1787 se emprendió la reforma del altar mayor, en la que intervino José Martín de Aldehuela, autor del frente de altar labrado en mármol. La severa portada está organizada a base de placas y resaltes al estilo del clasicismo toscano. Se compone de un arco de medio punto flanqueado por hornacinas y coronado por un frontón partido. El segundo cuerpo toma la forma de un templete con nicho interior. Destaca la silueta de la cúpula, de potente volumen, cuya base es un octógono rematado por un tejado ochavado y una cupulilla achaparrada.

Al interior el templo presenta planta centralizada, compuesta por un círculo inscrito en un cuadrado. Las exedras de los ángulos originan capillas en la planta baja y tribunas en la parte superior. En la zona de unión se disponen paneles de madera decorados con rocalla, realizados a finales del siglo XVIII. Las capillas quedan separadas por pilastras dobles de orden toscano en cuyos intercolum-

nios se distribuyen hornacinas con apóstoles. El entablamento, de orden dórico, está decorado con pinturas que simulan arquitecturas fingidas. Semejante ornamentación aparece en la bóveda, con frescos de estilo ilusionista que constituyen un verdadero alarde de perspectiva. El autor fue el maestro Andrés Cortés y los elementos empleados fueron motivos arquitectónicos, santos y ángeles, en un estilo característico del primer barroco.

La iglesia del Cristo de la Salud se edificó sobre el mismo lugar donde, según la tradición, existió una ermita dedicada a San Sebastián, mártir muy querido por el pueblo malagueño. A su concepción como *Martiryum* responde la elección de su planta centralizada y el programa iconográfico, que con la representación de las figuras más relevantes de la Compañía, pone de manifiesto el sentido moralizante propio de la orden. La ornamentación constituye un sermón didáctico expresado por medio de las imágenes de los mártires.En cuanto a las obras de arte que alberga el templo, en las capillas hay retablos de los siglos XVII y XVIII decorados con interesantes obras manieristas. Algunas tallas están vinculadas al taller de Pedro de Mena y otras se relacionan con el círculo sevillano del siglo XVII. Destaca el retablo del presbiterio, obra manierista del hermano Francisco Díaz de Rivero (1633), reformado por Martín de Aldehuela en 1787. Alberga figuras de mediados del XVII: San Francisco Javier y San Estanislao de Kostka.

IGLESIA DE LOS SANTOS MÁRTIRES: Plaza de los Mártires. Continúando por la calle de la Compañía, que recibe su nombre del antiguo colegio de jesuitas instalado en ella y que es una vía estrecha, larga y quebrada, que responde fielmente al trazado urbano musulmán. A la derecha de la iglesia del Santo Cristo de la Salud hay un pequeño callejón cubierto, Callejón de los Mártires que conduce a la plaza del mismo nombre. Un poco antes, a la izquierda, se abre una recoleta plaza en cuyo centro aparece una imagen de Cristo, La plaza de los Mártires que presenta una estructura irregular y está presidida por esta iglesia dedicada al culto de los mártires locales Ciríaco y Paula, fue fundada por los Reyes Católicos en 1487 junto con las de San Juan, Santiago y Santa María. El templo se edificó en el siglo XVI conforme al estilo gótico-mudéjar imperante en la época. Dos siglos después se emprendió su remodelación; las techumbres de madera fueron cubiertas, se reforzaron los pilares de las naves con revestimientos de mármol, se amplió la cabecera de forma que la capilla mayor y los brazos del crucero quedaron con disposición absidial, y toda la superficie interior fue recubierta de una menuda y delicada labor de yeserías. De este modo, el edificio se convirtió en la iglesia más representativa del rococó malagueño.

El templo está dividido en tres naves más otras dos formadas por las capillas que se sitúan entre los contrafuertes. La nave central está cubierta con bóveda de cañón rebajado con arcos fajones.

El exterior es de mampostería y ladrillo. La iglesia es sede de la Cofradía de Jesús de la Columna, conocida popular mente por la del Cristo de los Gitanos. También es sede de las hermandades de Pasión, Huerto y Santo Sepulcro y, de forma provisional, del Cristo Mutilado, cuya sede oficial es la iglesia del Sagrario, actualmente en fase de restauración

IGLESIA DE SAN JULIÁN: El origen del edificio está en el desaparecido Hospital de la Caridad, fundado por los Reyes Católicos para acoger a pobres y enfermos. En el siglo XVII la institución pasó a depender de los hermanos de San Juan de Dios, quienes se instalaron en este lugar y comenzaron las obras de la iglesia (1683). Los trabajos en el hospital y el claustro se prolongaron en el siglo XVIII. Ya en el siglo XX el hospital y la iglesia fueron clausurados y el edificio se utilizó para diversos fines asistenciales, entre ellos, la atención a los heridos de la guerra de África. El exterior del templo, de mampostería y ladrillo, presenta su portada principal abierta con arco de medio punto entre columnas adosadas y hornacinas

IGLESIA DE SAN FELIPE NERI: En la Calle Gaona y, adosado a ella, el antiguo convento, hoy convertido en Instituto Vicente Espinel. El origen de la parroquia de San Felipe Neri y de la Santa Cruz se encuentra en una capilla de principios del siglo XVIII, edificada por orden del conde de Buenavista junto a su residencia privada. Se trata de un pequeño templo de planta octogonal cubierto con bóveda semiesférica remarcada por nervios y molduras geométricas. Frente a la portada lateral de San Felipe, se toma la calle Cabello y, a la izquierda, la de Ollerías. Desde aquí la calle Ocón desemboca en la plaza de San Francisco, creada tras la demolición del antiguo convento que le dio nombre. En este lugar se ubica el antiguo conservatorio.

ANTIGUO CONSERVATORIO DE MÚSICA MARÍA CRISTINA: calle Marqués de Valdecañas Está erigido, en parte, sobre el antiguo convento de San Francisco, construido en estilo mudéjar en el siglo XVI. En el siglo pasado el huerto del convento se transformó en la plaza de San Francisco y otras dependencias de la fundación religiosa fueron destinándose a diversos usos. Se construyó entonces un edificio para albergar el Liceo Artístico y Literario de Málaga, centro recreativo y cultural que habría de acoger posteriormente el Real Conservatorio de Música María Cristina, fundado en 1880. En 1971, ya desaparecido el Liceo, el Conservatorio se trasladó y el edificio fue cayendo poco a poco en un lamentable estado de ruina. En 1975 se emprendió la recuperación y actualmente acoge una sala de conciertos y diversas actividades culturales. En la remodelación del siglo XIX se conservaron algunas partes del edificio primitivo, como el torreón mudéjar que puede apreciarse desde el exterior. El acceso se realiza a través de un compás cerrado por una reja, al fondo del cual aparece la portada de mármol. De austero diseño, fue aprovechada de otra edificación y constituye una muestra del barroco clasicista. En el interior, la sala de conciertos corresponde a la capilla mudéjar del antiguo convento. A espaldas de la plaza de San Francisco queda la calle Carretería, una de las arterias tradicionales de la ciudad.

PALACIO DEL MARQUÉS DE VALDEFLORES: Carretería, 60. En la esquina con la calle Muro. Es el actual Centro Andaluz de la Mujer. Fue construido en el siglo XVIII y presenta añadidos del siglo XIX. Su sencilla portada de mármol blanco está compuesta por pilastras que soportan un balcón. Tras atravesar el zaguán, se penetra en el patio, en tres de cuyos lados quedan las arquerías originales, que apoyan sobre columnas de mármol. Destaca también la escalera, con balaustrada clásica. Algunas estancias conservan las techumbres primitivas.

PARADOR DE SAN RAFAEL: Al final de Carretería, se llega a Puerta Nueva, que recibe su nombre de la entrada que abrieron los cristianos en la murallas árabes para facilitar la comunicación con el centro. Tras el derribo de la Puerta Nueva y las murallas en 1865, se construyó sobre este solar una singular muestra de la arquitectura civil decimonónica, cuyo proyecto se atribuye a Cirilo Salinas. El edificio, cuya fachada se articula con pilastras de orden gigante, consta de tres pisos más un ático. Está organizado en torno a un patio rectangular que presenta el esquema habitual de otras fondas malagueñas; en la planta baja aparecen pilares gruesos de soporte, que separan arcos ciegos de medio punto, mientras que en el primer piso se disponen arcos sobre columnas procedentes, tal vez, del desamortizado convento de La Merced. Una amplia galería con baranda de hierro da acceso a los dormitorios. En la parte superior aparece un espacio de azoteas destinado a distintos servicios. Existe un segundo patio con cuatro columnas de piedra que sostienen zapatas y vigas en las que apean las galerías de los pisos superiores. Una placa en la fachada recuerda que el pintor Joaquín Martínez de la Vega murió en el parador el 4 de diciembre de 1905.

IGLESIA DEL SAGRADO CORAZÓN: En la plaza de San Ignacio, presidida por la. Construida por Fernando Guerrero Strachan entre 1907 y 1920, el edificio, de estilo neogótico, sigue el modelo de la catedral de Toledo. Es un templo basilical de tres naves, cubierta la central con bóveda de nervios. Sobre el crucero se eleva una compleja bóveda octogonal estrellada y calada. La capilla mayor es poligonal y se cubre con bóveda de nervios. En cuanto a la decoración, destacan el retablo mayor y el púlpito en madera policromada, ambos de estilo neogótico. Al exterior, la fachada subraya la verticalidad por medio del elemento de forma triangular que remata la portada. El cuerpo central queda flanqueado por dos torres de cinco cuerpos, coronadas por estilizados pináculos.

IGLESIA DE SAN JUAN: calle San Juan desde la calle Santos y tras atravesar la calle Especerías se llega a esta iglesia que fue una de las cuatro iglesias que fundaron los Reyes Católicos después de la conquista de la ciudad en 1587.

En origen el templo, construido en estilo gótico-final con mezcla de elementos mudéjares, constaba de una nave mayor y otra colateral. En la primera remodelación, llevada a cabo a mediados del siglo XVI, se derribó la nave mayor para prolongarla y en la centuria siguiente se construyeron la segunda nave lateral y la capilla mayor. Al siglo XVIII corresponde la torre actual, el elemento más destacado del conjunto, que sigue el esquema de torre-pórtico y da acceso a la iglesia a través de la nave lateral derecha, después de atravesar un arco de medio punto. El pórtico es rectangular y se cubre con bóveda elíptica. La torre presenta tres cuerpos ligeramente abombados, limitados verticalmente por pilastras y separados por líneas de imposta de sinuoso perfil. También en el siglo XVIII se transformó el interior del templo, con la incorporación de una compleja decoración, la apertura de capillas laterales y la instalación de altares patrocinados por las distintas cofradías que tienen su sede en la iglesia.

MERCADO CENTRAL (ANTIGUAS ATARAZANAS): calle Arriola. Toda esta zona surgió a partir de las transformaciones experimentadas tras la demolición del recinto defensivo. La antigua muralla discurría desde Puerta Nueva siguiendo la dirección del río y, a la altura del actual Puente de Santo Domingo, se quebraba para enlazar con el recinto de las Atarazanas hacia la actual calle Sebastián Souvirón.

El mercado está erigido sobre el solar de las antiguas Atarazanas islámicas, lugar destinado a la construcción y reparación de barcos, que

servía asimismo como arsenal y enclave defensivo. Del antiguo edificio se ha conservado la puerta principal, de época nazarí (siglo XIV), aunque sufrió algunas alteraciones durante la construcción del mercado en el siglo XIX. Está formada por un arco de herradura apuntado con dintel y enmarcado por doble alfiz con escudos nazaríes e inscripciones.

LA ALAMEDA PRINCIPAL: Desde las Atarazanas, la calle Puerta del Mar desemboca en un espacio poblado por ficus y plátanos de Indias, donde aún quedan interesantes edificios que pertenecieron a la alta burguesía industrial y comercial malagueña del siglo pasado. Durante el siglo XIX y hasta la apertura del Paseo del Parque, la Alameda fue el centro de la vida ciudadana. Las primeras intervenciones en la zona se remontan a finales del siglo XVIII, cuando se urbanizó el arenal de la desembocadura del Guadalmedina. El proyecto seguía la orientación fomentada por la monarquía en diversas ciudades durante la segunda mitad del siglo: la apertura de salones, alamedas y paseos. El autor fue el ingeniero López Mercader, hacia 1783. En origen se planeó una doble hilera de árboles con un ensanche central a modo de plazoleta. En esta primera fase no se había pensado en la edificación de viviendas, se trataba únicamente de un paseo ar-

bolado emplazado extramuros. A partir de 1786, con el derribo de murallas, las posibilidades de edificar quedaron abiertas. Se emprendió entonces la construcción de mansiones para familias malagueñas acomodadas. Este cambio de orientación determinó un nuevo plano, que fue encargado a Segismundo Font hacia 1788. Posteriormente se sucedieron las intervenciones. La primera ampliación, en dirección oeste, se llevó a cabo en 1800 y se debió a Miguel del Castillo; Joaquín Rucoba realizó otra remodelación en 1876, con la disposición del monumento al Marqués de Larios en el extremo oriental. Las reformas del siglo XX se destinaron a ampliar la zona dedicada al tráfico; en 1925 se aprobó el proyecto que transformaría el salón central de la Alameda del XVIII en una gran calzada que canalizara la mayor parte del tráfico rodado de la ciudad. Desde 1966, con su prolongación en la Avenida de Andalucía, constituye una verdadera carretera que atraviesa Málaga.

En cuanto a la estructura de las viviendas, pueden apreciarse todavía interesantes ejemplos que van desde finales del siglo XVIII a finales del siglo siguiente. Pertenecientes a un estilo unitario en lo esencial, responden a los principios de un barroco clasicista cuyo modelo fue el edificio de la Real Aduana.

EL PUENTE DE SANTO DOMINGO: realizado en hierro, fue construido por el gobierno alemán en 1909 para agradecer el heróico comportamiento de los malagueños, que se lanzaron al mar para socorrer a las víctimas del naufragio de la fragata *Gneisenau,* hundida frente a las costas de la ciudad en 1900. Gracias a este episodio la capital ganó el título de Muy Hospitalaria, por real decreto de 1901.

IGLESIA DEL ANTIGUO CONVENTO DE SANTO DOMINGO: Pasillo de Santo Domingo: En la ribera derecha del río Guadalmedina, junto al puente, quedan apenas algunos restos del primitivo convento de los Dominicos, fundado por los Reyes Católicos en 1489. La construcción del templo, en estilo gótico-mudéjar, se inició en 1518. Actualmente, el templo presenta tres naves y arcos de medio punto que apoyan en pilares cruciformes con pilastras corintias cajeadas. La cubierta central es una bóveda de cañón rebajado, la capilla mayor se cubre con un casquete esférico decorado con un medallón de hojarasca y nervios. También es abundante la ornamentación de las pechinas, donde figuran emblemas dominicos con angelotes, entre exuberantes hojarascas.

IGLESIA DE SAN PABLO: Un poco más al norte, en la esquina de las calles San Pablo y Trinidad, es un ejemplo del eclecticismo arquitectónico del siglo XIX. El templo primitivo fue edificado en el siglo XVII; el actual, construido con proyecto de Jerónimo Cuervo entre 1874 y 1891, recurre al lenguaje gótico: tres naves separadas por arcos apuntados, bóvedas de crucería, capilla mayor poligonal rematada también por arcos ojivales y girola.

La calle Trinidad se prolonga en la llamada Calzada de la Trinidad, donde se ubican la parroquia de San Pablo y el convento de las clarisas, ambos del siglo XIX.

CONVENTO DE LA TRINIDAD: cuyo origen se remonta al siglo XVI, y del que se conserva el compás.

PARROQUIA DE LA TRINIDAD: presenta una austera fachada de aire clásico. Lo más destacado es la torre-pórtico, de planta cuadrada en la parte inferior y octogonal en la superior, y rematada por un chapitel. El interior presenta tres naves separadas por pilastras corintias, bóveda de cañón central y casquetes esféricos en las naves laterales. La capilla mayor tiene disposición absidial y se cubre con bóvedas de cuarto de esfera. Merecen destacarse el camarín y el atrio de los pies, de planta elíptica. El templo pertence al estilo neoclásico.

ERMITA DE LA ZAMARRILLA: Este pequeño templo se localiza en la esquina de la calle Mármoles con la de Zamarrilla, en el límite entre los barrios del Perchel y de la Trinidad. Tiene su origen en una capilla que se erigió a mediados del siglo XVIII para albergar la Santa Cruz, y como lugar de reunión de los vecinos del barrio para rezar el Rosario. El edificio, de planta octogonal, se inauguró en 1763 y posteriormente ha sufrido diversas restauraciones. Actualmente presenta una nave rectangular precedida de un tramo a modo de atrio, cubierto con cúpula ovalada. La ermita está ligada a una leyenda popular; cuenta la tradición que, huyendo de la guardia, un bandido fue a protegerse al amparo de la Virgen. Al marcharse dejó prendida con su puñal una rosa blanca en el pecho de la imagen. La rosa, que se volvió de color rojo, es el emblema que lucen desde entonces la imagen y la Cofraíía de la Virgen de la Zamarrilla, María Santísima de la Amargura.

IGLESIA PARROQUIAL DE SAN PEDRO: en la plaza de Enrique Navarro, es el único resto que queda del antiguo barrio del Perchel. Fue proyectada en 1629 por Pedro Díaz de Palacios, que trabajó en la catedral, no obstante, sufrió modificaciones posteriores. Consta de una nave cubierta con armadura de lazo con tirantes, cabecera recta y coro a los pies. En el lado de la Epístola se conserva una arquería ciega que corresponde a la traza del primitivo proyecto. De las capillas, la mayoría modernas, destaca la del Sagrario, de planta hexagonal y cubierta con profusa decoración barroca a base de hojarascas y pinturas al temple con escenas de la vida de la Virgen. El resto del templo presenta una mayor sobriedad. En el exterior, la portada primitiva está realizada en piedra roja; se compone de un arco de medio punto entre pilastras, coronado con una hornacina decorada y un frontón superior partido sobre el que aparece el escudo episcopal.

IGLESIA DE NUESTRA SEÑORA DEL CARMEN: calle de la Serna. pertenecía al convento de padres carmelitas descalzos, fundado en 1584. De la primitiva construcción no se ha conservado casi nada. A finales del siglo XVII y durante el siglo siguiente se emprendió una restauración que afectó a la estructura y a la ornamentación interior. La última remodelación ha mantenido el carácter espacial pero ha dado al alzado y a la decoración un sentido totalmente clásico. El templo, que ocupaba el centro de las dependencias conventuales, consta de tres naves con capillas y amplio crucero. En el camarín de la capilla mayor aparece la imagen de la titular, obra moderna del granadino Navas Parejo. Lo más destacado de la decoración pictórica son las representaciones de santos carmelitas, realizadas en el siglo XVIII. La fachada principal, que se levanta tras un amplio compás, responde al estilo manierista; en la calle central, rehundida, se abre la portada.

EL PUERTO: Estuvo situado en la esquina occidental de la Aduana junto a la Alcazaba y Puerta Oscura en una extensión de 500 m. Por él llegaron y de él se sirvieron cuantas culturas contribuyeron a formar el carácter de los malagueños desde los fenicios hasta nuestros días. La nueva y gran ampliación ha ganado un terreno para la ciudad con la construcción de un nuevo espigón que ha cambiado para siempre la capacidad del puerto de Málaga. A lo que se ha añadido la transformación del muelle 1, en el paseo de la Farola, con la apertura de una zona de tiendas y un parking, además de la remodelación del Muelle 2 y la construcción de "El Palmeral de las Sorpresas", una zona de ocio que incluye una estación marítima para pasajeros en tránsito, la sede del Aula del Mar y un área de restauración.

PLAYAS

Las playas urbanas han sido totalmente rehabilitadas en los últimos años y constituyen uno de los atractivos de la ciudad. Están perfectamente dotadas de servicios sanitarios, duchas públicas, chiringuitos y restaurantes.

Se pueden distinguir tres zonas de playas con características distintas. La primera zona va del extremo oriental del municipio, hasta el Rincón de la Victoria, en el inicio de la Axarquía, son playas con alguna roca y abundan en esa zona los acantilados con pequeñas calas, la arenas es fina y con gravilla en algún caso. Son playas con una amplia pendiente. Se trata del Peñón del Cuervo, de la Cueva, Torre de las Palomas, de la Araña y del Hornillo. Los dos puntos de referencia principales de este tramo son el Peñón del Cuervo y el Puerto Deportivo de El Candado.

Otra zona es la que se extiende desde el Puerto de Málaga al Puerto Deportivo de El Candado, son playas de grano grueso. Están bordeadas por el Paseo Marítimo Pablo Ruíz Picasso y tienen un carácter netamente urbano. Se trata de las playas de la Farola, La Malagueta La Caleta, Baños del Carmen, Pedregalejo, Las Acacias, El Palo y El Dedo (o El Chanquete).

La tercera zona de playas se extiende desde el cauce del río Guadalmedina hasta el límite con el municipio de Torremolinos. Son playas anchas, arenosas, de gran longitud, y anchas, son: San Andrés, Misericordia, Guadalhorce, Guadalmar y Campo de golf. En la zona de Guadalmar existe una playa nudista debidamente señalizada.

BARRIOS RESIDENCIALES

Los barrios malagueños como **El Limonar, La Caleta o el Miramar**, fueron a finales del siglo XIX y principios del XX habitados por las clases acomodadas. El crecimiento urbano contemporáneo ha modificado en parte su estructura. No obstante, aún quedan un buen número de residencias que conservan su antiguo esplendor. Junto a los mencionados existen barrios tradicionales como **El Palo**, cuyo núcleo original data de finales del siglo XVIII. Al parecer, sus primeros pobladores serían pescadores procedentes de Motril y Almería. Hasta que a principios de siglo el tranvía facilitó el acceso hacia El Palo, Éste permaneció prácticamente aislado de Málaga. Quedan en él algunos ejemplos de viviendas populares, gran parte de ellas transformadas en merenderos playeros; en torno a la carretera que unía la capital con los pueblos costeros fue creciendo otro de los núcleos urbanos malagueños, **Pedregalejo**. La actividad fundamental de sus habitantes, como en El Palo, fue la pesca, aunque actualmente se ha desarrollado también como barrio residencial. La riqueza de las aguas en esta zona, que se extiende entre la cantera del Tajo y el arroyo Jaboneros, atraía centenares de jábegas de los alrededores que se dedicaban sobre todo a la captura del boquerón y la sardina.

PARQUES Y JARDINES

EL PARQUE DE MÁLAGA: Limitado por la Alameda Principal y el Paseo de España que corre paralelo al Muelle de Guadiaro, el parque se extiende desde la Plaza del General Torrijos, hasta la Plaza de la Marina. Consta de tres paseos de 800 metros de longitud y diez de anchura, uno en el lado norte y dos en la banda sur del gran paseo central para vehículos. Se trata de un paseo con jardines a ambos lados más que de un parque ya que hay pocas zonas ajardinadas en comparación con el espacio ocupado por la calzada central y por los pasos peatonales. El diseño básico es el de un jardín mediterráneo de carácter renacentista y trazado barroco. Gracias a los Larios y a otras célebres familias malagueñas, el Parque se fue poblando de una rica colección y selección de plantas procedentes, en su mayoría, de países tropicales y subtropicales. Se pueden encontrar ejemplares como el *Encephalartus Laurencianus*, que se encuentra frente a la esquina del edificio de la Aduana. Esta planta fue regalada por el propio Marqués de Larios. Abundan mucho los ejemplares aislados, o en pequeños grupos de *Cycas revoluta* y tres o cuatros de *Dracena Draco* o *Drago de Canarias*, con hojas rígidas y punzantes y frutos rojizos en racimos colgantes. Aparece también el *Pinus Canariensis, Grevillea robusta*, planta de Australia, cuyo nombre vulgar es *Árbol de Fuego.* Hay varios ejemplares magníficos de *Pandanus candelabrum*, árbol de las zonas pantanosas del Africa suroriental, con poderosas raíces en torno a la gran fuente labrada en Génova, por orden del Emperador Carlos V, después de haber sido apresada y rescatada de los piratas moriscos y que fue trasladada por designio real a Málaga y está rodeada de cipreses de Méjico o de Virginia, conocidos como el "*Árbol de la noche triste* " por servir de refugio de Hernán Cortés y un grupo de caballeros escapados de una matanza durante la conquista de México.

Otras especies destacadas son *Callitris quadrivalvis*, exclusiva del Norte de Africa, *Chorisias*, árboles del sur de Brasil y de Uruguay, conocidos como *palo borracho* por su peculiaridad al hincharse. El gran *Fi-*

cus pendulata, la palmera de cáñamo, procedente de China o el *Cameropo humilis* única en Europa. Especies originarias de Asia y Oceanía tropical, el grupo de palmeras *Archontophoenix Cuninghamin* de Australia, con su esbelto talle anillado por las cicatrices de las hojas desprendidas; *cedros* del Líbano; *araucarias* de América austral; *yucas, cicas, elobea*s que alternan con *enebros y tuyas japonesas*. La agrupación de *palmeras de California*, los grupos de Strelitzia augusta.

JARDINES DE PICASSO: Inaugurados con motivo del centenario del nacimiento del pintor malagueño, en 1981, están ubicados al final de la avenida de Andalucía. Presentan disposición simétrica que semeja los pétalos de una flor. Entre las especies que lo pueblan destacan ficus centenarios, jacarandas y diversas plantas tropicales. En el centro se eleva el **monumento en honor de Picasso**, escultura del malagueño Miguel Ortiz Berrocal, realizada entre 1971 y 1976. Fue expuesta por primera vez en París, en una exposición de homenaje al pintor malagueño, y simboliza una mujer acostada al sol de Málaga y un corazón del que salen arterias. El conjunto se denomina *siéxtasis*. Está realizado en bronce y su apariencia es la de un paralelepípedo de formas entrelazadas y arabescos a modo de laberinto.

JARDÍN HISTÓRICO-BOTÁNICO LA CONCEPCIÓN: Carretera de Las Pedrizas, N-331, km 166 (Málaga). ☎ 952 25 21 48 - 952 25 07 45. Accesos: Los sábados, domingos y festivos de marzo a noviembre (excepto agosto) hay autobuses desde la Alameda Principal, en el centro de Málaga, hasta La Concepción, que siguen la línea de Ciudad Jardín.

Declarado jardín histórico artístico en 1943, está considerado como el jardín tropical más importante de España, así como uno de los mejores de Europa. un recorrido por sus parajes, con casi un siglo y medio de historia (los marqueses de casa Loring los crearon en 1850), representa un espectáculo único que sumerge al visitante en una selva tropical refinada y elegante con numerosas especies en su mayoría de hoja perenne, de modo que se pueden admirar durante las cuatro estaciones del año. Entre sus maravillas se encuentran *gigantescos ficus, araucarias*, una amplia variedad de esbeltas palmeras, *cycas, aves del paraíso* de grandes dimensiones, *bambúes*, e incluso un gigantesco *drago de canarias*, entre otros muchos tipos de plantas. Además de contemplar la belleza natural del jardín botánico, el visitante puede adentrarse en un pequeño museo ubicado en su interior con estatuas y mosaicos romanos y una exposición de arqueología. La vivienda de la finca es un palacete de estilo clásico, construido en 1849. La fachada principal presenta un cuerpo central entre pilastras jónicas, vanos adintelados y balaustrada continua. Como remate se dispone un frontón triangular denticulado. A ambos lados aparece un cuerpo retranqueado de estructura arquitectónica semejante, coronado también con balaustrada. Frente a la fachada lateral izquierda se construyó un velador de hierro fundido, espacio que se destinó a la celebración de fiestas y recepciones. La construcción, cubierta de flores, recrea un ambiente de inspiración romántica. Entre la exuberante vegetación tropical se pueden admirar fuentes, arroyos, puentes, un mirador y un pequeño templo a imitación de las construcciones de la Grecia clásica.

LA FINCA DE LA CÓNSULA: Carretera de Coín, poco después del desvío a Churriana. Consta de una residencia principal y una amplia extensión de jardines. El edificio, construido a mediados del siglo pasado, fue ocupado por el cónsul de Prusia en Málaga, don Juan Roz. Ha sufrido diversas remodelaciones a lo largo del tiempo. Actualmente, presenta en su fachada principal una doble arcada sobre columnas que forman un porche. Frente a la fachada diversos caminos se adentran en el jardín. Estanques, glorietas con fuentes y jarrones, un templete revestido de conchas a modo de gruta y una gran arboleda centenaria con especies tropicales tales como palmeras, yucas, araucarias o jacarandas componen este agradable recinto. Entre los huéspedes ilustres que se alojaron en La Cónsula figura Ernest Hemingway. En 1984 el ayuntamiento emprendió la rehabilitación del conjunto, que en la actualidad acoge la Escuela de Hostelería de Málaga

SENDA EL RETIRO PARQUE ORNITOLÓGICO Y BOTÁNICO: Carretera de Coín, s/n. ☎ 952 56 01 50. Entrada previo pago. Se llega siguiendo la carretera de Coín, pasados unos tres kilómetros, un desvío a la derecha conduce hacia un camino flanqueado de eucaliptos que desemboca en la finca. El conjunto se compone de la residencia, y uno de los mejores jardines particulares de la península El Retiro fue propiedad del obispo de Málaga, fray Alonso de Santo Tomás (1664-1692), supuesto hijo natural de Felipe IV. De este momento se conserva parte del edificio y el jardín del huerto. Actualmente el parque cuenta con una extensa zona de aparcamiento, con capacidad para el estacionamiento de turismos y autocares; un espacio de recepción pública con punto de información y venta de entradas, tienda para la adquisición de recuerdos, aseos, así como con una cafetería y zonas de descanso. El parque pueden dividirse en tres apartados: el parque ornitológico, las especies botánicas y el jardín histórico. El parque ornitológico reúnen no sólo aquéllas aves tradicionales del clima mediterráneo, sino multitud de especies exóticas aclimatadas al parque. En sus instalaciones podemos encontrar unas ciento cincuenta especies diferentes. Junto al parque ornitológico, destaca la colección botánica, unas ochenta especies botánicas de todo el mundo. Una de las especies botánicas más destacadas del parque son los cipreses *Cupressus sempervivens L.*, una variedad de la familia de las *cupresáceas* de una larga tradición histórica. Los que se muestran en El Retiro tienen cientos de años de antigüedad, ya que fueron plantados cuando se construyó la Hacienda, alcanzando el más alto los 21 metros. Junto a estos cipreses destacan otras especies arbóreas como *araucarias, palmeras, tilos, nogales americanos, magnolios, hibiscus, caquis, aguacates, árboles del amor, bambúes de caña negra,* etc., tanto de procedencia tropical como típicamente mediterránea, junto a otro de los árboles más antiguos de la finca, unos magníficos ejemplares de *ficus nítida*. Además de los setos de flor y las violetas que se han dispuesto en las zonas más umbrías del jardín.

Por último, el jardín histórico se divide en tres áreas bien delimitadas: el jardín-huerto, el jardín-patio y el jardín-cortesano.

En el siglo XVIII, época en que habitaba la residencia el conde de Villalcázar, se construyó el jardín cortesano.

El jardín huerto de Fray Alonso está presidido por un estanque con islote central, desde donde desciende el agua hasta

la Fuente de la Batalla. El surtidor es una pila de mármol situada en el cruce de dos recoletos caminos. El conjunto se asemeja a los patios de crucero de los jardines islámicos, modelo al que se incorpora una ornamentación característica del manierismo, a base de revestimiento de conchas. Junto a la casa palacio se ubica el jardín patio, correspondiente a la primera mitad del siglo XVIII, que adopta forma de plazoleta cuadrada en cuyo centro aparece la Fuente de la Sirena, obra italiana del siglo XVII. Construida en mármol, la taza está coronada por *putti* y presidida en el centro por Tritón y una Nereida. Un parterre rodea la fuente. En él se dispone el conjunto escultórico más destacado que decora el jardín: ocho bustos de alabastro que representan dioses, sátiros y figuras grotescas. De posible procedencia italiana, están datados en el siglo XVII. Completan este ambiente un coro de dioses de menor calidad, realizados en el siglo siguiente, y una terracota decorada con armas.

El tercer núcleo, el jardín cortesano, fue realizado entre 1784 y 1791, a nivel más bajo que el anterior. Su ordenación responde al modelo de jardín italiano, aunque por los efectos de perspectiva está vinculado a los jardines franceses. Por otra parte, el sentido de intimidad lo acerca a la concepción morisca del huerto. El jardín cortesano se caracteriza por una composición exuberante, pomposa y teatral. Lo más destacado es la Cascada. Tras la alberca superior se dispone un espacio escalonado limitado por muros revestidos de conchas y estalacmitas, entre las que aparecen figuras en barro policromado que simbolizan ríos. Las dos fuentes son las del Pastor y la de las Ranas.

Para el diseño de los dos últimos núcleos de los jardines el Conde de Villalcázar contó con la colaboración del arquitecto Martín de Aldehuela. Se tomaron en cuenta modelos italianos como el palacio Farnesio en Caprarola, del siglo XVI, o el ejemplo español dieciochesco de La Granja de San Ildefonso.

MUSEOS

Con más de 28 museos, la mayoría de ellos situados en el casco histórico, Málaga se ha convertido en una ciudad de museos, que van desde el arte sacro hasta el arte más contemporáneo pasando por el arte popular o los museos interactivos.

MUSEO DE ARTES Y COSTUMBRES POPULARES: Antiguo Mesón de la Victoria. Pasillo de Sta. de Isabel. ☎ 952 21 71 37. www.museoartespopulares.com Entrada de pago. Cierra sábados tarde y domingos. Se exhibe una muestra de los usos y costumbres de la Málaga de los siglos XVIII y XIX. El edificio, construido en el siglo XVII, fue en su tiempo al Mesón de la Victoria, cuyos dueños se preciaban de atender la mejor posada de entonces. El edificio cuenta con 19 salas distribuidas entre dos plantas del edificio con un patio interior central donde se encuentran una fuente y un pozo. Junto al patio se conserva aún la antigua cuadra en la que todavía se guardan carruajes de época. Los fondos del museo componen una interesante colección etnográfica que comprende diversos materiales relacionados con actividades agrarias, pesqueras o de la vida cotidiana de los malagueños. El origen se encuentra en colecciones particulares. En las caballerizas, que ocupan una de las salas, se exponen carruajes y varios enseres relacionados con la cría caballar como sillas de montar, bocados, arreos y diversas monturas. Otra de las salas está dedicada al oficio del herrero; en la fragua aparecen, entre otros útiles, yunques, martillos y tenazas. La sala IV se consagra a las labores de la transformación del trigo y la obtención del pan, con la reconstrucción de una tahona. La siguiente estancia exhibe objetos relacionados con el arte de la pesca, como la maqueta de una jábega, embarcación típica de los pescadores de la bahía. Hay otras salas en las que el visitante puede hacerse una idea de las antiguas funciones del mesón, contemplando la vieja cocina y el comedor. Una de las actividades

des más características de los malagueños, la producción de vino, queda ejemplificada en las salas IX y X, donde se reproducen un lagar que imita los modelos de la Axarquía, una bodega y una taberna decorada con carteles de época. Ya en la planta superior, aparecen distintos objetos relacionados con la vida burguesa, como vestidos y retratos. Hay un espacio dedicado a la imprenta y en ella pueden contemplarse máquinas, colecciones de planchas y las primeras pruebas de ediciones locales. Destaca asimismo la colección de adornos para estampar en las cajas de uvas pasas. Muebles, fotografías, un dormitorio rural de principios de siglo, aperos de labranza, pesos, objetos de caza, etc. pueden contemplarse en las siguientes salas. La cerámica popular está bien representada y sobresale especialmente la procedente de Coín. Lo más destacado de los fondos del museo es la colección de "barros", pequeñas figuras de los siglos XVIII y XIX realizadas en barro cocido coloreado, que representan tipos populares y costumbristas. El origen de estas figuras se encuentra en los belenes del siglo XVIII. En el siglo siguiente siguiente, con el Romanticismo, alcanzaron enorme popularidad. Mención aparte merece el archivo de Narciso DÍaz Escovar (1860-1935), escritor y cronista malagueño, que reúne una completa documentación sobre la Málaga de finales del siglo pasado. En síntesis, el museo constituye un intento de reconstruir las diversas actividades de la vida cotidiana en la Málaga de los siglos XVIII y XIX.

MUSEO PICASSO MÁLAGA: San Agustín, 8. ☎ 952 12 76 00. mpicassom@mpicassom.org www.museopicassomalaga.org Entrada de pago. Las más de 200 obras que integran los fondos permanentes del museo, proceden de las colecciones particulares de Christine Picasso y de su hijo Bernard, permiten un recorrido por ca-

si todas las etapas de la obra picassiana. La colección se compone de, dibujos, esculturas, cerámicas, grabados y pinturas, entre ellas cabría destacar: Olga Koklova con mantilla (Barcelona, 1017), Jacqueline sentada (París, 1954), Bañista (Mougins, 1971), Mujer con los brazos levantados (1936), Busto de mujer con brazos cruzados detrás de la cabeza (Royan, 1939), Retrato de Paulo con gorro blanco (París, 1923) o Cabeza de mujer nº 2. Retrato de Dora Maar (1939), Mujer sentada en un sillón (1946), Hombre, mujer y niño (Mougins, 1972), Retrato de Jacqueline con gola (1962), Mujer de pie (escultura en arcilla vidriada, 1947) son algunas de esas creaciones, entre otras muchas que aquí se exhiben.

FUNDACIÓN PICASSO-MUSEO CASA NATAL: Plaza de la Merced, 15. ☎ 951 928 976. www.fundacionpicasso.es En 1988, tras una concienzuda restauración y adaptación, se inauguró la Fundación Picasso, en la casa natal del artista. La Fundación constituye un homenaje al pintor y se ha convertido en un centro de documental de gran interés. La fundación lleva a cabo exposiciones temporales con obra de Picasso o sobre los artistas y movimientos artísticos relacionados con el artista o contemporáneos suyos. Asimismo, se organizan exposiciones itinerantes con los fondos artísticos de la Fundación. Cuenta con un centro de documentación especializado en Picasso y arte moderno, con más de 100.000 registros entre libros, periódicos, revistas, folletos, diapositivas, videos y fotografías y es de acceso público. La colección comprende más de 3.500 piezas de arte contemporáneo, entre las que destacan los fondos con obra gráfica y cerámica de Picasso. La casa museo ocupa la primera planta del edificio y ofrece al público la recreación de un salón-estudio decimonónico, con objetos familiares y de época, que intenta transmitir la idea del entorno en el que el pintor pasó los primeros años de vida. Además hay varias salas de exposiciones, donde la Fundación mantiene su programa de exposiciones temporales: una en la planta baja del edificio y otra en el nº 13 de la Plaza de la Merced.

CENTRO DE ARTE CONTEMPORÁNEO DE MÁLAGA (CAC MÁLAGA): Calle Alemania, 2. ☎ 952 12 00 55. www.cacmalaga.eu cacmalaga@cacmalaga.org Ubicado en el antiguo Mercado de Mayoristas de Málaga, un edificio histórico situado en la margen izquierda de la desembocadura del río Guadalmedina. El Centro se concibe como una "Casa del Arte" dinámica, abierta a las nuevas tendencias y formas de expresión del arte contemporáneo. Cuenta con una colección permanente formada por más de cuatrocientas obras y ofrece una interesante programación de exposiciones, conferencias, talleres, seminarios y diversas actividades.

MUSEO CARMEN THYSSEN MÁLAGA: Compañía, 10. ☎ 902 303 131 www.carmenthyssenmalaga.org El museo que ocupa el Palacio de Villalón, alberga parte de la colección Carmen Thyssen Son 358 obras de pintura española y andaluza, fundamentalmente del siglo XIX. Algunas de ellas son de autores malagueños o temas relacionados con Málaga. Además hay obras de Zurbarán, Sorolla, Romero de Torres o Juan Gris, entre otros. También hay una representación del siglo XX, por lo que pueden verse obras de los inicios vanguardistas: Juan Gris, Moreno Villa, Bores, Francisco Cosío, Evaristo Valle, Benjamín Palencia; y otro más tardío, con figuras de la talla de Gerardo Rueda, Saura y Equipo Crónica.

MIMMA. MUSEO INTERACTIVO DE LA MÚSICA DE MÁLAGA: Beatas, 15. ☎ 952 210 440. www.mimma.es Entrada de pago. Se ubica en el Palacio del Conde las Navas, edificio del S. XVIII. Tiene una importante colección de instrumentos musicales de todo el mundo y de todas las épocas, muchos de los cuales se pueden tocar. Su colección abarca más de 400 piezas y una muestra de instrumentos musicales y de las diferentes culturas existentes en el mundo a través de su música.

MUSEO CATEDRALICIO: Molina Lario, 9. ☎ 952 220 345. De 10.00 a 17.30 h (lunes a viernes) De 10.00 a 17.00 h (sábados) Cerrado domingos y festivos. Situado en las antiguas dependencias de la Sala Capitular de la Catedral. El espacio se organiza en dos estancias cubiertas por un artesonado de madera que data del siglo XIX. Expone una valiosa colección de arte sacro: esculturas, pinturas y orfebrería religiosa con obras de Alonso Cano y Claudio Coello.

MUSEO ALBORANIA - ACUARIO AULA DEL MAR: Palmeral de las Sorpresas, Muelle 2, Edificio nº 2. Puerto de Málaga. ☎ 952 22 92 87. www.auladelmar.info Entrada de pago. Se exhiben especies vivas y recreaciones de zonas marinas, maquetas navales, alguna de tamaño natural, y útiles relacionados con la vida del mar. La zona de exposición es en la planta baja y se inicia con la sala de la gruta submarina y el acantilado, reconstrucciones de fondos marinos donde se puede apreciar la fauna propia del fondo rocoso a medida que se desciende desde la superficie a las profundidades. Después se llega a la sala de tiburones y rayas. En ella se exponen varias cabezas disecadas de marrajos y martillos, así, como mandíbulas de tiburón con sus dentaduras, entre las que destaca la de un tiburón tigre. También se presenta la enorme cola de un tiburón zorro.

La sala de invertebrados presenta en varias vitrinas, y ordenados evolutivamente, los invertebrados marinos del Mar de Alborán. Se pueden encontrar ejemplares de esponjas, moluscos, y crustáceos, destaca sobre todos un calamar gigante de casi dos metros.

La sala de cetáceos presenta en el centro un gran cráneo de rorcual común y sus correspondientes vértebras, el esqueleto de delfín y un cráneo de calderón. En las paredes de la misma sala unas vitrinas albergan una interesante colección de barcos. En la Sala del Hombre y el Mar se reproduce un puente de mando de un barco pesquero, con los diversos instrumentos necesarios para la navegación.

La sala de Acuarios cuenta con varios recipientes con más de 500 especies: caballitos de mar, esponjas, celentéreos, gusanos tubícolas, caracoles, rayas, lenguados, almejas, galeras, salmonetes, coquinas, peregrinas, jibias, etc.

MUSEO DE ARTE FLAMENCO (PEÑA JUAN BREVA): Ramón Franquelo, 4. ☎ 952 22 13 80. www.museoflamencojuanbreva.com Entrada de pago. Propiedad de la Peña Flamenca Juan Breva está ubicado en una casa del siglo XIX, sede la Peña y ocupa varias salas de la planta baja. Se exponen con un importante numero de grabaciones, algunas de ellas inéditas. La más antigua data de 1907. Se encuentran grabadas en distintos soportes: pizarra, vinilo, microsurco, etc, al visitante se le permite reproducirlas a soportes actuales. Algunos de los artistas que se encuentran representados con su voz son: Paca Aguilera, Cayetano Muriel "Niño de Cabra", Juan Breva, Sebastián el Peña, la Niña de los Peines, el Cojo de Málaga o Manuel Torres, entre otros. También con-

tiene una colección de aparatos reproductores de sonido: gramolas, gramófonos, tocadiscos, etc. También se puede ver una colección de guitarras de importantes figuras del cante y de la guitarra malagueña. Entre otras, podemos destacar las utilizadas por "el Piyayo", de principios de siglo, además de los siglos XVIII al XIX. Hay pinturas, esculturas y dibujos que van desde finales del siglo XIX hasta la actualidad y que representan escenas de baile, retratos a cantaores y escenas populares flamencas. Complementa este museo un importante archivo fotográfico y documental.

MUSEO DE SEMANA SANTA. MUSEO DE LAS COFRADÍAS: Muro de san Julián, 2 ☎ 952 21 04 00. www.agrupaciondecofradias.es Una muestra de enseres de culto y procesión como tronos, estandartes, bastones, candelabros, lujosos bordados, así como fotografías, documentos y recuerdos de la Semana Santa malagueña.

ECOMUSEO LAGAR DE TORRIJOS: En el Cortijo Torrijos del Parque Natural de los Montes de Málaga ☎ 952 22 58 00. Situado en un edificio del siglo XIX en donde se exhiben los aperos tradicionales utilizados para la elaboración del vino y del aceite. Prensas de vino, almazara, horno, molino de aceite de 1843.También se puede ver documentación gráfica sobre la historia y repoblación de los Montes de Málaga.

PRINCIPIA CENTRO DE CIENCIA: Avda. Luis Buñuel, 6, al lado del Estadio de La Rosaleda. ☎ 952 07 04 81. www.principia-malaga.com Entrada de pago. Este museo está vinculado al mundo de la enseñanza, y sus actividades poseen un marcado carácter didáctico. Consta de más de 60 módulos interactivos que abordan un conjunto heterogéneo de temas, que van desde la mecánica, ondas, sonidos, óptica y fotografía, a la electricidad, percepción, química, matemáticas, biología y astronomía.

En la llamada sala Faraday, se realizan experimentos en vivo, de electrostática, mecánica y óptica. En el planetario, se pueden ver más de 700 estrellas, en un recorrido por las distintas constelaciones. El museo dispone, además, de un observatorio astronómico situado en la terraza del edificio, con una cúpula móvil de 3,5 metros de diámetro por medio del cual se pueden observar los cuerpos celestes más destacados.

MUSEO DEL PATRIMONIO MUNICIPAL (MUPAM): Paseo de Reding, 1. ☎ 951 92 60 52. www.museodelpatrimoniomunicipal.malaga.eu Pinturas, esculturas y obras gráficas que forman parte de los fondos del Patrimonio Municipal de carácter histórico-artístico. Entre ellos obras de autores como Picasso. En la sala dedicada al siglo XX se hace un recorrido por artistas malagueños de esta época y en la llamada "Tendencias contemporáneas" se muestran artistas malagueños actuales.

TRANSPORTES

TREN

ESTACIÓN MARÍA ZAMBRANO DE MÁLAGA: Explanada de la estación, s/n. ☎ 902 24 02 02. www.renfe.es Horario de Consigna: 6.00 h. a 23.30 h .Líneas de autobuses: 1, 3, 4, 10, 16, 19, 24, 27, Circular 1 y Circular 2. La línea de alta velocidad une Málaga con Madrid-Puerta de Atocha en 2 h y media. También sirve como cabecera de la línea C-2 de Cercanías Málaga, con parada de trenes de Media Distancia Renfe y trenes de largo recorrido. También es la estación de trenes de la red de Cercanías Málaga denominada Málaga-RENFE, que juntas forman un intercambiador junto con los autobuses de la ciudad y, en un futuro con el Metro de Málaga.

AUTOBÚS

ESTACIÓN DE AUTOBUSES DE MÁLAGA: Paseo de los Tilos, s/n. ☎ 952 35 00 61. www.estabus.emtsam.es Los transportes en autobús están centralizados en esta estación central de aquí parten todas la líneas y también allí se pude obtener cualquier información adicional. La estación es un moderno edificio que se encuentra a menos de cien metros de la estación de la RENFE. Varios autobuses diarios comunican Madrid con la Costa del Sol y Málaga capital.

AVIÓN

AEROPUERTO MÁLAGA-COSTA DEL SOL: Avda. García Morato, s/n. ☎ 902 404 704. www.aena.es El aeropuerto se encuentra a mitad de camino entre Málaga y Torremolinos, en la barriada de Churriana. Es uno de los más activos del país, su edificio principal es obra del arquitecto Ricardo Bofill que ha ideado un enorme hall de aire ligero y etéreo que emerge entre pistas de cemento y campos de caña de azúcar con la Sierra de Mijas al fondo. Entre sus instalaciones destacan sus dos terminales para vuelos procedentes de España y la Unión Europea –Terminal A– y para aquellos vuelos procedentes del resto del Mundo –Terminal B–, su terminal de Aviación General, alberga vuelos de carácter privado. Cuenta con una amplia y variada zona comercial. Vuelos nacionales directos desde Alicante, Almería, Barcelona, Bilbao, Gran Canaria, Madrid, Melilla, Palma de Mallorca, Santiago de Compostela, Tenerife y Valencia.

LLEGAR AL AEROPUERTO

EN COCHE. Por la autovía E-15, que circunvala Málaga, y la Avenida de Velázquez, que conduce directamente al centro de la ciudad.

EN AUTOBÚS. De la Empresa Municipal de Transportes (E.M.T.), www.emtmalaga.es ☎ 951 01 53 70. La Línea de autobús *A Expréss* conecta el centro de la ciudad con el aeropuerto en tan sólo 15 minutos. La parada en el aeropuerto se encuentra en la Terminal T3. La llegada es en la Planta 0 frente intercambiador de transportes y la frecuencia es cada 20 minutos. La salida desde el centro de Málaga es en la Alameda Principal (Centro) Parada 1904. Primera salida (desde Málaga) a las 6.25. Última salida (desde el aeropuerto) a las 24.00.

EN TREN. www.renfe.es ☎ 902 24 02 02. Sale de la Estación Málaga-Centro y Estación de Ferrocarriles de Málaga, con una frecuencia de 30 minutos. Número de línea: C1. Paradas en la Terminal 2 y Terminal de carga. Primera salida desde Málaga: 05.45 h Ultima salida desde el Aeropuerto: 23:45 h.

TAXI. Radiotaxi: ☎ 952 04 08 04. **Unitaxi:** ☎ 952 33 33 33.

TRANSPORTES URBANOS

E.M.T. AUTOBUSES URBANOS: Camino de San Rafael, 97. ☎ 952 35 72 12. www.emtmalaga.es Existe un bonobus válido para 10 viajes, que resulta más económico; éste se puede adquirir en estancos y máquinas expendedoras.

METRO. El metro de Málaga cuenta actualmente con dos líneas. La Línea 1, que va desde la universidad hasta las cercanías del centro de Málaga con estaciones en Andalucía Tech, Paraninfo, El Cónsul, el Clínico, la Universidad, Ciudad de Justicia, Portada Alta, Carranque. Barbarela, la Unión y El Perchel, que es la estación en común con la línea 2.

La Línea 2, hace posible el traslado desde la zona oeste de la ciudad hasta las cercanías del centro. Tiene estaciones en el Palacio de Deportes, Puerta Blanca, La Luz- La Paz, El Torcal, Princesa-Huelin, La Isla y por último El Perchel. La frecuencia de paso entre los trenes oscilará entre los 7 minutos y los 10.

Existen 4 tipos de billetes: **Billete ocasional.** Se trata de una tarjeta que se puede recar-

gar de 1 a 9 viajes. Es recargable y se puede multivalidar. El precio del viaje es de 1.35€. **Tarjeta Monedero**. Es una tarjeta que funciona como monedero virtual. En ella puedes recargar hasta un máximo de 20€ y un mínimo de 5€. Es recargable y permite la multivalidación. **Tarjeta Monedero del Consorcio de Transportes**. Se vende en la red de quioscos y estancos del Consorcio de Transportes y se puede recargar en las máquinas expendedoras del metro de Málaga. Esta tarjeta permite el uso combinado de todos los sistemas de transporte público. Además dispone de bonificación por transbordo con otros sistemas de transporte. **Tarjeta del Consorcio de Transportes para Familias Numerosas**. Funciona de la misma manera que la Tarjeta Monedero del Consorcio de Transportes con la diferencia que no es multivalidable ya que es de carácter personal e intransferible.

ESTACIÓN CENTRAL DE AUTOBUSES DE MÁLAGA: Paseo de los Tilos, s/n. ☎ 95 235 00 61. www.estabus.emtsam.es Los transportes en autobús están centralizados en la Estación central de allí parten todas la líneas y también allí se pude obtener cualquier información adicional. La estación es un moderno edificio que se encuentra a menos de cien metros de la estación de la RENFE. Varios autobuses diarios comunican Madrid con la Costa del Sol y Málaga capital. También está comunicada por autobús con Barcelona, Tarragona, Castellón de la Plana, Valencia, Alicante, Murcia, Cartagena, Granada y Córdoba.

PUERTO

Recinto del puerto. Estación Marítima. ☎ 952 22 43 91 / 92. Barcos a Melilla.

ALOJAMIENTOS

ALOJAMIENTO EN HABITACIÓN DOBLE	
B Barato	hasta 90 €
M Medio	de 90 a 150 €
C Caro	de 150 a 200 €
L Lujo	más de 200 €

B **HOSTAL CAPRI (HS*):** Av. de Pries, 8. ☎ 952 22 30 03. La Avenida de Pries es uno de los nombres de la larga calle que va desde el final del Paseo del Parque hasta Los baños del Carmen en sentido oeste-este. En el primer tramo hay varios alojamientos y éste es uno de los más económicos.

B **HOSTAL ACAPULCO (HS**):** Explanada de la Estación. Edificio Terminal 3. ☎ 952 31 98 88. Perfecto para quedarse la primera noche si el tren llega a altas horas, pues está a tiro de piedra de los andenes.

B **HOSTAL TERMINAL (HS**):** Pasaje Noblejas, 2. ☎ 952 31 82 00. Zona de estación. Es un lugar amplio y limpio. También está bien situado, cerca del Centro Comercial Larios y del Corte Inglés y su zona de tiendas (Avenida de Andalucía).

B **HOTEL DON PACO (H**):** Salitre, 53. ☎ 952 31 90 08 /12/16. www.hotel-donpaco.com recepcion@hotel-donpaco.com Baño completo, teléfono, televisión aire acondicionado. Cercano al centro, al que se encuentra muy bien conectado con varias líneas de autobuses.

B **HOTEL CARLOS V (H**):** Císter, 6. ☎ 952 21 51 20. www.hotel-carlosvmalaga.com Céntrico, muy bien situado, muy cerca de la catedral, de la Alcazaba y del Teatro Romano. Cuenta con 53 habitaciones con baño, televisión, teléfono y calefacción.

B **HOTEL CALIFORNIA (H**):** Paseo de Sancha, 17. ☎ 952 21 51 65. www.hotelcalifornianet.com Muy bien situado, en una zona residencial y tranquila a tan solo 500 metros de la playa. Ocupa una casa de estilo colonial y cuenta con 26 habitaciones con baño, minibar, TV, aire acondicionado-calefacción y caja fuerte. Cafetería, salón social. A 50 m de la playa. Parking concertado a 100 m. Cómodo y acogedor. Enlaza con el centro mediante la línea 11 de autobuses.

B **HOTEL BAHÍA MÁLAGA (H***):** Somera, 8. ☎ 952 22 43 05. www.hotelbahiamalaga.com Situado a escasos metros de la Alameda Principal y del Centro de Arte Moderno CAC, dispone de 44 habitaciones con televisión, aire acondicionado/calefacción, mini-bar, teléfono y caja de seguridad. Bar-cafetería, aparcamiento y facilidades para los minusválidos.

Ⓑ HOTEL DON CURRO (H*):** Sancha de Lara, 7. ☎ 952 22 72 00. www.hoteldoncurro.com Hotel céntrico y tradicional de tipo medio, situado a medio camino de la Catedral y de la calle Larios. A pesar de su tamaño dispensa un trato atento y familiar. 105 habitaciones clásicas y cómodas, aisladas del exterior por doble cristal con TV, aire acondicionado, minibar, teléfono y en algunas caja de seguridad y secador de pelo. Bar-Cafetería. Garaje

Ⓜ HOTEL ZENIT MÁLAGA (H*):** Cuba, 1-3. ☎ 952 25 20 00 www.zenithoteles.com malaga@zenithoteles.com A unos quince minutos del centro, en una zona no turística, pero muy animada. Cuenta con 62 habitaciones con TV, calefacción central, baño completo, mesa de trabajo y teléfono. Servicio de lavandería. Aparcamiento propio. Cafetería y restaurante. El hotel está justo donde empieza la carretera que conduce al Parque Natural de los Montes de Málaga.

Ⓜ HOTEL LAS VEGAS (H*):** Paseo de Sancha, 22. ☎ 952 21 77 12. www.hotellasvegasmalaga.com Situado frente al mar y enlazado con el centro al que se encuentra enlazado mediante la línea 11 de autobuses. Cuenta con habitaciones con televisión, aire acondicionado/calefacción, terraza, caja fuerte, secador de pelo, doble acristalamiento e insonorizadas. También bar, salón, sala de conferencias, restaurante, piscina. Aparcamiento.

Ⓜ HOTEL NH MÁLAGA (H**):** San Jacinto 2. ☎ 952 07 13 23. www.nh-hoteles.es Hotel moderno, situado a escasos metros de la Alameda Principal en el centro comercial de la ciudad. Cuenta con 133 habitaciones y 4 suites, todas ellas con TV, aire acondicionado, minibar, teléfono, kit de aseo gratuito, secador de pelo, espejos antivaho, almohada a la carta. Bar-Cafetería, servicio de habitaciones 24 horas, servicio de guardarropa, lavandería, gimnasio, sauna y aparcamiento.

Ⓜ HOTEL TRYP GUADALMAR (H**):** Moby Dick, 2. Urb. Guadalmar. ☎ 952 23 17 03. www.tryphotels.com tryp.guadalmar@solmelia.com Situado a 8 km de Málaga. Dispone de 197 habitaciones exteriores con Tv, aire acondicionado, calefacción, vistas al mar, minibar, teléfono y radio. Ocupa un edificio de 8 plantas con dos ascensores peluquería, tiendas, piano bar, caja de seguridad, gimnasio, sauna y jacuzzi. También piscina y pistas de tenis. Aparcamiento.

Ⓜ HOTEL SERCOTEL LOS NARANJOS (H*):** Paseo de Sancha, 35 ☎ 952 22 43 16. www.hotel-losnaranjos.com En la zona residencial de la ciudad muy cerca de la playa. Enlaza con el centro mediante la línea 11 de autobuses. Ocupa un edificio de seis plantas que cuenta con 41 habitaciones dobles y exteriores, televisión, aire acondicionado, calefacción, minibar, teléfono, terraza, caja fuerte. Restaurante-cafetería y garaje.

HOTEL GALLERY MOLINA LARIO (H**):** Molina Lario, 20-22. ☎ 952 06 20 02. www.hotelmolinalario.com Está situado en pleno centro de Málaga, justo enfrente de la Catedral. Dispone de 103 habitaciones de aire moderno y muy cuidadas, todas ellas son luminosas y disponen de equipo de música, escritorio, minibar y conexión wifi. Solarium y piscina.

AC MÁLAGA PALACIO (H**):** Cortina del Muelle, 1. ☎ 952 21 51 85. www.marriott.com Situado al lado de la Catedral, en pleno centro de la ciudad. Ocupa un edificio con 14 plantas recientemente renovado cuenta con 203 habitaciones y 11 suites, todas ellas con TV interactiva, aire acondicionado, minibar, dos teléfonos, mesa de trabajo, complementos de baño, secador de pelo. Además Bar-Cafetería, servicio de habitaciones 24 horas, lavandería y Piscina. Parking concertado

HOTEL LARIOS (H**):** Marqués de Larios, 2. ☎ 952 22 22 00. www.larios.room-matehotels.com info@hotel-larios.com Situado en plena calle Larios junto a la Plaza de la Constitución. Es un hotel moderno y funcional ocupa un edificio clásico con habitaciones insonorizadas con televisión, aire acondicionado, minibar, caja de seguridad, mesa de trabajo y jacuzzi en las suites. Bar-Cafetería, servicio de habitaciones y lavandería. No tiene garaje pero hay concertado un servicio con un aparcamiento público

HOTEL TRYP MÁLAGA ALAMEDA (H**):** Av. Aurora, s/n. ☎ 952 36 80 20. www.melia.com Situado cerca de la Alameda Principal y de las estaciones de Renfe y de autobuses. Cuenta con 136 habitaciones amplias y elegantes con vistas panorámicas de la ciudad, camas muy grandes, TV interactiva, aire acondicionado/calefacción, radio, teléfono, cuarto de baño completo, secador de pelo, caja de seguridad. Bar y lavandería y caja de seguridad. Aparcamiento.

PARADOR DE TURISMO DE MÁLAGA-GIBRALFARO (PT**):** Castillo de Gibralfaro, s/n. ☎ 952 22 19 02. www.parador.es gibralfaro@parador.es Si algo hay que resaltar de este parador es su privilegiado emplazamiento, junto al castillo árabe, en lo alto del monte Gibralfaro. Piedra y madera conforman su imagen exterior. Una gran arcada, bajo la que se localiza una agradable terraza, da paso al hotel. Las habitaciones, decoradas en tonos alegres, son amplias y desde sus balcones se obtienen vistas excepcionales. Esto último es

Parador de Turismo de Málaga

extensible a la piscina, situada en el ático. Restaurante de gastronomía malagueña y andaluza.

CASTILLO DE SANTA CATALINA (H**):** Ramos Carrión, 38. ☎ 952 21 27 00. direccion@castillodesantacatalina.com www.castillodesantacatalina.com Situado en El Limonar, el hotel cuenta con una ubicación privilegiada, a tan sólo unos minutos del centro histórico. Ocupa un edificio construido en el siglo XVII por orden del rey Felipe IV, para defender la ciudad de Málaga de los ataques enemigos. Remodelado a principios del siglo XX, como un palacio de estilo neo-árabe que domina la bahía de Málaga. Hoy ha sido reconvertido en un hotel monumento, declarado Bien de Interés Cultural, manteniendo el lujo y la categoría de un palacio señorial, rodeado de jardines y con espléndidas vistas al mar. Cada habitación está decorada de forma diferente, con suelos de mármol, azulejos antiguos y bonitos artesonados. Todas ellas cuentan con techos altos y amplios ventanales con vistas al mar o a la ciudad y aire acondicionado individual, cuarto de baño completo, secador de pelo, caja de seguridad, conexión wifi, televisión y minibar.

HOTEL VINCCI POSADA DEL PATIO (H***):** Pasillo Santa Isabel, 12. ☎ 951 00 10 20. reservas@vinccihoteles.com www.vinccihoteles.com Hotel de nueva construcción situado en pleno centro histórico, de estilo contemporáneo cuenta con un total de 104 habitaciones, entre las que hay dobles con salón y suites de dos dormitorios. Todas ellas muy bien equipadas y decoradas, cuenta además con un bar-cafetería, un salón-biblioteca, y consigna para equipajes, restaurante a la carta, gimnasio y una piscina en el ático. Parking propio.

ALOJAMIENTO RURAL

B **HOTEL HUMAINA (HR***):** Carretera de Colmenar, s/n. Parque Natural de los Montes de Málaga. ☎ 952 64 10 25. www.hotelhumaina.es info@hotelhumaina.es El hotel se encuentra a unos 18 km de Málaga situado en mitad de un espeso bosque de pinos en el corazón del Parque Natural de los Montes de Málaga y al que se llega por una escarpada carretera desde la que se tienen las mejores vistas de la costa de Málaga. Desde Málaga se accede por la carretera de Colmenar (Los Montes) hasta la Fuente de la Reina donde está indicado el desvío. Desde la autovía de Málaga (N-331) se puede tomar el desvío a Colmenar y desde aquí seguir la carretera de Los Montes. El edificio fue construido por la Junta de Andalucía como refugio de montaña y una vez restaurado se ha convertido en un hotel en el que la ecología se convierte en filosofía de vida. Un magnífico lugar para pasear sin prisa, dejar pasar el tiempo y escuchar el asombroso silencio de los alrededores. Cuenta con 13 habitaciones de las que 12 son dobles y 1 suite; todas con baño, calefacción, aire acondicionado y teléfono. Cada habitación tiene un nombre que alude a lo malagueño: Verdiales, Cenachero, Axarquía...etc. La suite es la habitación más amplia e incorpora a la estancia el mirador del torreón. El mobiliario es rústico y confortable y en la decoración predominan los materiales como el barro, el mimbre y la madera. Tiene una habitación adaptada para discapacitados. El hotel cuenta con un salón-biblioteca con una gran chimenea, sala de convenciones para 25 personas. Bar. Jardín. Pequeña piscina. Facilidades de transporte al aeropuerto. Admite animales de compañía. Alquiler de caballos.

RESTAURANTES

RESTAURANTES COMIDA MEDIA A LA CARTA	
Ⓑ Barato	hasta 30 €
Ⓜ Medio	de 30 a 50 €
Ⓒ Caro	de 50 a 75 €
Ⓛ Lujo	más de 75 €

Al margen de los restaurantes que se citan expresamente, tanto en la playa del Palo como en la de Pedregalejo, abundan los bares tradicionales donde se puede saborear pescado frito o a la plancha a precios en algunos casos razonables.

Ⓑ **EL VEGETARIANO DE LA ALCAZABILLA:** Pozo del Rey, 5. ☎ 952 21 48 58. Junto a la Plaza de la Merced. Un sitio innovador y con ciertos aires alternativos y atractivos.

Ⓑ **LA REBANÁ:** Molina Lario, 4. Tapas, una carta muy actual y una buena carta de vinos.

Ⓑ **CLANDESTINO:** Niño de Guevara, 3. ☎ 952 21 93 90. Abierto todos los días. Situado muy cerca de la plaza de Uncibay, en pleno centro de Málaga ofrece una carta novedosa, llena de mezclas originales. Se puede comer a cualquier hora del día.

Ⓑ **RESTAURANTE AIRE GASTROBAR:** Avenida de Pries, 16. La Malagueta. ☎ 952 60 94 89. Ocupa una casa de principios del siglo XX que ha sido rehabilitada respetando la arquitectura tradicional e incorporando un aire de diseño contemporáneo. Ofrece una cocina creativa basada en los elementos mediterráneos con tres opciones diferentes Gastrobar, para los que prefieran comer de tapas, restaurante tradicional a la carta y comida para llevar. Cuidada selección de vinos de las sierras de Málaga.

Ⓑ **RESTAURANTE D-VINOS:** Echegaray, 3. ☎ 952 60 85 31. Situado en el centro de Málaga. Al lado de la Catedral. Restaurante Vinoteca con una de decoración rústica y moderna que dispone de dos comedores y una zona de tapas. Ofrece una cocina tradicional y de mercado con toques innovadores Destaca su amplia selección de vinos.

Ⓑ **RESTAURANTE MARICUCHI:** Playa de Pedregalejo. ☎ 952 29 04 12. Un clásico de la zona. Coquinas, conchas finas y pescadito fritos.

Ⓑ **RESTAURANTE EL TINTERO II:** Carretera de Almería, 99. Playa El Chanquete. Una institución en el mundillo de la fritura de pescado. Pescaditos fritos o a la plancha, con la peculiaridad de que los camareros exponen las raciones, recién hechas, que son elegidas por los clientes sobre la marcha.

(B) EL MORATA: Playa de Pedregalejo. ☎ 952 29 26 45. La oferta no difiere de la de otros chiringuitos playeros de la zona de Pedregalejo: pescados fritos o a la plancha. Un buen lugar para degustar los típicos espetos de sardinas.

(B) MESÓN ASTORGA: Gerona, 11. ☎ 952 34 68 32. Situado junto a la estación del ferrocarril, la asistencia incondicional de un público fiel los fines de semana, hace imprescindible la reserva. Cocina tradicional malagueña.

(M) CAFÉ BOLSA: Bolsa 14. ☎ 952 06 20 02. Restaurante del hotel "Molina Lario", acogedor y vanguardista. Su oferta gastronómica se basa en la cocina mediterránea elaborada con productos de mercado y de temporada con toques innovadores. Buena bodega.

(M) EL CHINITAS: Moreno Monroy, 4. ☎ 952 21 09 72. En pleno casco histórico de la ciudad, junto a la calle Larios. Posee una gran barra con buenas tapas de cocina y terraza con buen tiempo. La decoración rústica, con un zócalo de azulejos, invita a degustar una cocina típicamente malagueña. Entre sus especialidades cabe citar el rabo de toro, los embutidos ibéricos y la fritura malagueña.

(M) RESTAURANTE REFECTORIUM: Maestranza, 6. ☎ 952 21 89 90. Si se quiere probar la auténtica cocina malagueña, este es un sitio perfecto. No falta el pescadito frito de calidad.

(M) ALEA: Fajardo, 11. ☎ 952 21 86 39. Junto a calle Larios y el Museo Thyssen. Ubicado en un antiguo molino del siglo XVIII cuidadosamente restaurado con aire contemporáneo. Es una de las recientes propuestas más novedosas en la ciudad. Carta equilibrada que se apoya en una cocina fresca y mediterránea.

(M) LOS MELLIZOS: Sancha de Lara, 7. ☎ 952 22 03 15. La especialidad: el pescado frito y los mariscos, todo de primera calidad, barra para tapear y restaurante moderno y bien atendido. Imprescindible reservar mesa ya que se llena habitualmente. Su propietario después de toda una vida en el oficio comenta que le basta una mirada a los boquerones en el mercado para saber hasta su fecha de nacimiento.

(M) EL REFECTORIUM DEL CAMPANARIO: Paseo de la Sierra, 36. Cerrado de Calderón. ☎ 952 20 39 35. Cierra los lunes. Su situación sobre la montaña le permite disfrutar de unas magníficas vistas de la bahía. Terraza con gran encanto y cocina casera y sencilla de calidad, en la que destacan los pescados y algunos platos locales.

(M) RESTAURANTE EL CALEÑO: Playa de Pedregalejo. ☎ 952 29 91 48. Otro de los chiringuitos recomendables de Pedregalejo. Pescado frito y espetos de sardinas. Sencillo y bueno.

Ⓜ **LA RESERVA 12:** Bolsa, 12. ☎ 952 60 82 18. En pleno centro de Málaga, con una parte a la entrada con mesas y taburetes altos donde se sirven todo tipo de aperitivos y tapas, y otra zona de comedor en la planta superior, además de una agradable terraza sobre la calle peatonal. Ofrece una cocina tradicional andaluza, con variedad de entrantes (jamón ibérico, las anchoas en salazón, croquetas, queso curado...), revueltos, arroces, pescados, frituras, y carnes (especialmente las rojas a la brasa). Es también vinoteca, por lo que cuenta con una buena bodega con variedad de vinos internacionales y cavas.

Ⓒ **CHIRINGUITO MARÌA:** Paseo Marítimo Antonio Banderas, 8. ☎ 952 24 56 81. Un negocio familiar con más de 60 años de tradición y que es uno de los mejores restaurantes de pescadito frito de la ciudad. También recomendable el marisco y los postres caseros.

Ⓒ **MONTANA:** Compás de la Victoria, 5. ☎ 952 65 12 44. Abre de lunes a sábado. Cocina creativa en uno de los restaurantes más innovadores de la ciudad pero basado en la calidad del producto. Una bodega muy actual, con referencias también clásicas y una buena colección mágnum de diversas denominaciones de origen.

Ⓒ **JOSE CARLOS GARCÍA:** Paseo de la Farola, 10. ☎ 952 00 35 88. Cocina creativa con texturas, sabores y presentaciones muy cuidadas y novedosas. Recomendable menú degustación. Trato muy amable y estupenda terraza. Conviene reservar.

Ⓒ **CAFÉ DE PARÍS:** Vélez Málaga, 8. ☎ 952 22 50 43. Cierra domingos, Semana Santa y segunda quincena de julio. Emplazado en La Malagueta, ocupa un pequeño local que apuesta por una cocina creativa. Es uno de los restaurantes más sofisticados y con mayores inquietudes culinarias de la ciudad. Excelente bodega.

TAPAS Y COPAS

Los bares de tapas se prodigan tanto por el centro como por la Malagueta, aunque en cualquier barrio se puede encontrar un establecimiento interesante. Las últimas tendencias combinan en un mismo local el tapeo y el restaurante más formal.

EN EL CENTRO

LO GÜENO: Marín García, 11. Es una tasca tradicional más de interior que de costa. Jamones y quesos, espárragos y verduras de temporada, ensalada malagueña y habitas con jamón ibérico, y también pescaíto frito. Es pequeña, pero achuchando, se cabe.

MESÓN LA MANCHEGA: Marín García, 5. Es un establecimiento con solera –data de 1954– y lleva todo ese tiempo ofreciendo tapas y comidas de la vertiente más contundente de la gastronomía malagueña y manchega.

ORELLANA: Moreno Monroy, 5. No asustarse por lo lleno que está, pues al final siempre se puede tomar una caña y un bartolito o una ligera.Son muy sabrosos los malagueñitos, unas ricas empanadas de pescado con jamón y queso manchego.

BODEGAS EL PIMPI: Granada, 62. Antiguamente era una popular sala de fiestas, pero hoy es un local muy especial con diversos ambientes: a la entrada un patio florido con un gran cartel antiguo, luego la sala con las cubas, otra tipo me-

són con su barra y otra reservada. Es un punto de reunión de poetas, artistas y de diversas asociaciones culturales.

LA BARRA: Bolsa, 10. Gran variedad en las tapas patatas con mayonesa o los chanquetes de la huerta con huevo frito entre ellas.

GORKI: Strachan, 6. Es un bar-restaurante-confiteria-delicatessen .Todo de muy buena calidad.Una excelente bodega. Ambiente elegante.

EL CORTIJO DE PEPE: Plaza de la Merced,tapas y raciones muy variadas y de gran calidad. La especialidad el chivo.

LA MORAGA: Fresca, 12; Moreno Monroy. El chef malagueño Dani Garcia es el creador de este bar de tapas. Son propuestas tradicionales pero bajo el estilo particular de Dani. Tapas frías o calientes, además de medias raciones, Es original y curioso. Hay una buena carta de vinos.

LA MALAGUETA

En el barrio de La Malagueta y junto al Paseo Marítimo hay también bastantes locales. Suelen ser de precio medio alto y de buena calidad.

SIBARITA. Cervantes, 12. En éste, tienen una pequeña terraza, y la caña con su aperitivo es muy barata. También hay distintas baguettes muy originales.

LA SERRANA: Maestranza, junto a la Plaza de Toros. Una manzanilla y cerca de treinta clases de minibocadillos y todo tipo de tapas.

RESTAURANTE LA MENSULA: Maestranza 18. Al lado del Palacio de Justicia. En la barra tapas y raciones muy variadas y de gran calidad.

MESÓN CINCO JOTAS: Avenida de Pries, 8. La prestigiosa marca onubense de Jabugo Sanchez Romero Carvajal ha abierto un local en Málaga, siguiendo la pauta de los que ya tiene en otras ciudades. Todo exquisito, pero cuidado con el bolsillo.

CAFETERÍAS

CAFÉ CENTRAL: Plaza de la Constitución. Un buen sitio para desayunar y quedar, está en el mismo centro y es cómodo, y además tiene un cuadro explicativo de los nombres peculiares que los malagueños dan al café: *mitad, sombra, nube...*

CASA ARANDA: Herrería del Rey, 3. Un clásico para los churros malagueños, tan distintos de los sevillanos o madrileños. También sirven chocolate.

DOÑA MARIQUITA: Plaza de Uncibay 3.Buen café y ricas tapas. Amplia terraza frecuentada por artistas e intelectuales

TABERNAS TRADICIONALES

Una de las formas más tradicionales de tomar el vino de Málaga es recorriendo sus tabernas. Si bien antiguamente existían gran número de tabernas, en la actualidad solo unas pocas conservan la costumbre malagueña de ofrecer vino de Málaga como principal reclamo al consumidor. La particularidad de estas tabernas es que o son propiedad o están ligadas familiarmente a las bodegas elaboradoras de vino de Málaga. Destacan como principales tabernas.

ANTIGUA CASA GUARDIA: Alameda,18. Un lugar emblemático e imprescindible. Tiene vinos propios y algunos son de excelente calidad, y además la decoración hace que parezcan aun mejores. El local evoca otros tiempos y está plagado de recuerdos; desde los viejos mostradores de madera sobre los que se marca con tiza el precio de las consumiciones, hasta la maquina antigua de fabricar seltz, pasando por las referencias inevitables a la historia de la ciudad, los tranvías, las riadas y Picasso. Conserva también la tradición del "marisquero", que se coloca en un rincón y allí prepara los mariscos, baratos y nada ostentosos: gambas, busanos (con tenazas para romper el duro caparazón) cañaillas, conchas finas y mejillones siempre frescos que se pagan aparte. Los precios son moderados y los camareros apuntan la cuenta en el mostrador a base de tiza. La clientela es variopinta, fieles parroquianos, visitantes ocasionales, gente del mercado y grupos de estudiantes extranjeros que reciben explicaciones sobre las supuestas virtudes medicinales del pajarete o de como el Pedro resalta el sabor de los postres dulces; todos animan el lugar y nadie parece excluido en esta vieja taberna.

COPAS

Los locales nocturnos se concentran fundamentalmente en distintas zonas de la ciudad: Pedregalejo, Centro Histórico y La Malagueta. Algunos locales son:

ONDA PASADENA: Gómez Pallete, 5. Junto a la plaza de la Merced y la Casa Natal Picasso. Un clásico de la noche malagueña. Casi todas las noches tiene música vivo, con estilos tan variados como el jazz, flamenco o pop.

PUERTA OSCURA: Molina Lario, 5. Para los que buscan un sitio tranquilo para tomar una copa o un cóctel.

COMPRAS

La calle de las compras en Málaga por excelencia es calle Larios, llenas de tiendas para todos los gustos y necesidades: boutiques de moda con primeras firmas; tiendas de complementos y zapaterías de prestigio Todo el casco antiguo de Málaga está repleto de establecimientos comerciales como es el caso de calle Nueva o calle Granada. También hay puestos ambulantes, conocidos como los 'hippies', en el puente sobre el río Guadalmedina, en la Avenida de Andalucía. Allí predominan la bisutería y la artesanía. Son típicos los mercadillos que a lo largo de la semana se celebran por distintas zonas de la ciudad alejadas del centro y que los domingos y festivos por la mañana, se monta un Rastro en el que se venden los objetos más disparatados y se dispone en la explanada de Martiricos, junto al estadio de fútbol. Y como toda gran ciudad, no le faltan grandes almacenes y centros comerciales en los que encontrar un sinfín de ofertas con establecimientos de todo tipo.

CENTROS COMERCIALES

EL CORTE INGLÉS: Av. Andalucía, 30.

MÁLAGA PLAZA: Armengual de la Mota, 12.

LARIOS CENTRO: Av. de la Aurora, s/n.

C.COMERCIAL ROSALEDA: Av. Simón Bolívar, s/n.

MARBELLA

MARBELLA

Situada en la ladera de Sierra Blanca, a 56 kilómetros de la capital. La geografía de Marbella ofrece los contrastes de mar, sierra, pueblo y ciudad cosmopolita con turistas llegados de todo el mundo. Marbella cuenta con más de 100 kilómetros cuadrados de extensión y 24 kilómetros de playas de arena fina que se extienden desde Cabopino hasta Guadalmina, sólo interrumpidas por los puertos deportivos de Cabopino, Marbella y Banús. Mención aparte merecen las numerosas urbanizaciones y hoteles de lujo que pueblan la llamada "milla de oro", entre Puerto Banús y Marbella, y las zonas adyacentes. A pesar de que muchas urbanizaciones ocupan gran parte del terreno y la línea de costa, está jalonada por edificios en toda su extensión, el entorno de Marbella sigue siendo muy agradable, al estar rodeado de abundante y cuidada vegetación. El nombre de Marbella está asociado a un turismo de lujo y como consecuencia en Marbella se puede encontrar todo, o casi todo, lo que se busque, en cuestión de playas, discotecas, espectáculos y atracciones diversas.

INFORMACIÓN TURÍSTICA

OFICINA DE TURISMO DE MARBELLA: Plza. de los Naranjos. ☎ 95 282 35 50. Ctra. N-340. Km. 182 ☎ 95 282 28 18. Plza. de la Fontanilla. ☎ 95 277 14 42.

TRANSPORTES

ESTACIÓN DE AUTOBUSES DE MARBELLA: Av. del Trapiche, s/n. ☎ 952 76 44 01. Ocupa un edificio moderno y funcional situado en la zona norte de la ciudad, cuenta con catorce andenes, zona comercial con restaurantes, amplia sala de espera y cafetería.

MARBELLA IMPRESCINDIBLE

1. CASCO HISTÓRICO: De calles estrechas con casas encaladas llenas de geranios y buganvillas.

2. PLAZA DE LOS NARANJOS: El centro neurálgico de la población y una de las más animadas.

3. ERMITA DE SANTIAGO: Fue la primera iglesia de la ciudad después de la conquista.

4. IGLESIA DE NUESTRA SEÑORA DE LA ENCARNACIÓN: Frente al torreón se eleva la iglesia construida en el siglo XVIII sobre un primitivo templo del siglo XVI.

5. PASEO MARÍTIMO: Siempre animado, se asoma a las playas urbanas que se suceden unas tras otras .

6. MUSEO DEL GRABADO ESPAÑOL CONTEMPORÁNEO: Dispone de cinco salas en las que se exponen obras de los más célebres artistas españoles contemporáneos.

7. LAS PLAYAS: Son 24 playas de arena fina, entre ellas, Guadalmina, Nueva Andalucía, Nagüeles, Calahonda..etc.

LA VISITA

El casco histórico de Marbella ha mantenido bastante bien su estructura tradicional, con callejas de casas encaladas embellecidas por geranios, buganvillas y con agradables plazuelas.

PLAZA DE LOS NARANJOS: El centro neurálgico de la población está ocupada por las terrazas de numerosos locales, que se disponen bajo la sombra de los árboles que dan nombre al lugar. Fue construida en 1504 en el subsuelo se han encontrado cimentaciones de la época romana. En la plaza existe una fuente datada en 1604.

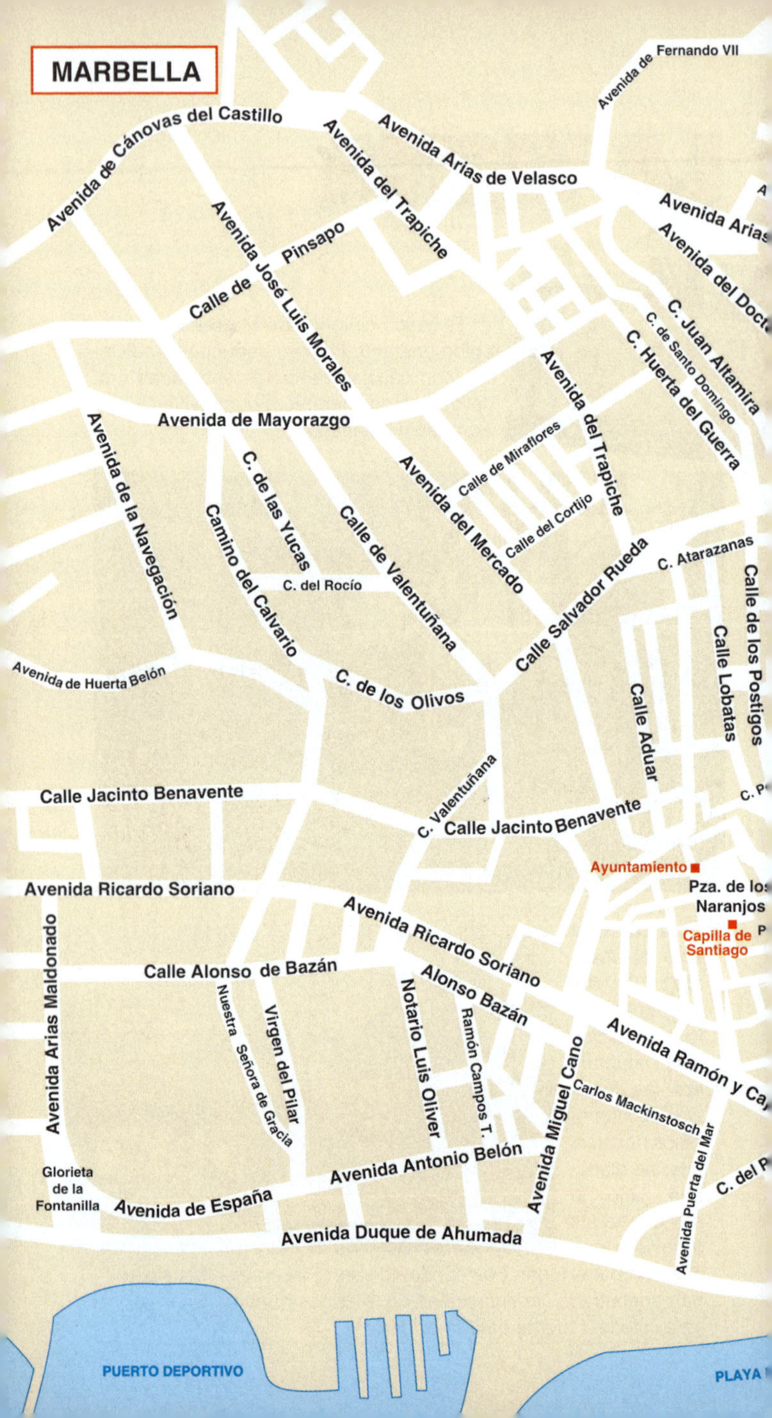
MARBELLA
Avenida de Fernando VII
Avenida de Cánovas del Castillo
Avenida Arias de Velasco
Avenida del Trapiche
Avenida Arias
Avenida del Doct
Calle de Pinsapo
Avenida José Luis Morales
C. Juan Altamira
C. de Santo Domingo
C. Huerta del Guerra
Avenida del Trapiche
Avenida de Mayorazgo
Avenida de la Navegación
C. de las Yucas
Calle de Valentuñana
Avenida del Mercado
Calle de Miraflores
Calle del Cortijo
Camino del Calvario
C. del Rocío
C. Atarazanas
Calle de los Postigos
Calle Lobatas
Calle Salvador Rueda
Calle Aduar
Avenida de Huerta Belón
C. de los Olivos
C. Valentuñana
Calle Jacinto Benavente
Calle Jacinto Benavente
Ayuntamiento
Pza. de los Naranjos
Capilla de Santiago
Avenida Ricardo Soriano
Avenida Ricardo Soriano
Calle Alonso de Bazán
Alonso Bazán
Avenida Arias Maldonado
Nuestra Señora de Gracia
Virgen del Pilar
Notario Luis Oliver
Ramón Campos T.
Avenida Miguel Cano
Avenida Ramón y Ca
Carlos Mackinstosch
Avenida Puerta del Mar
C. del P
Glorieta de la Fontanilla
Avenida de España
Avenida Antonio Belón
Avenida Duque de Ahumada
PUERTO DEPORTIVO
PLAYA

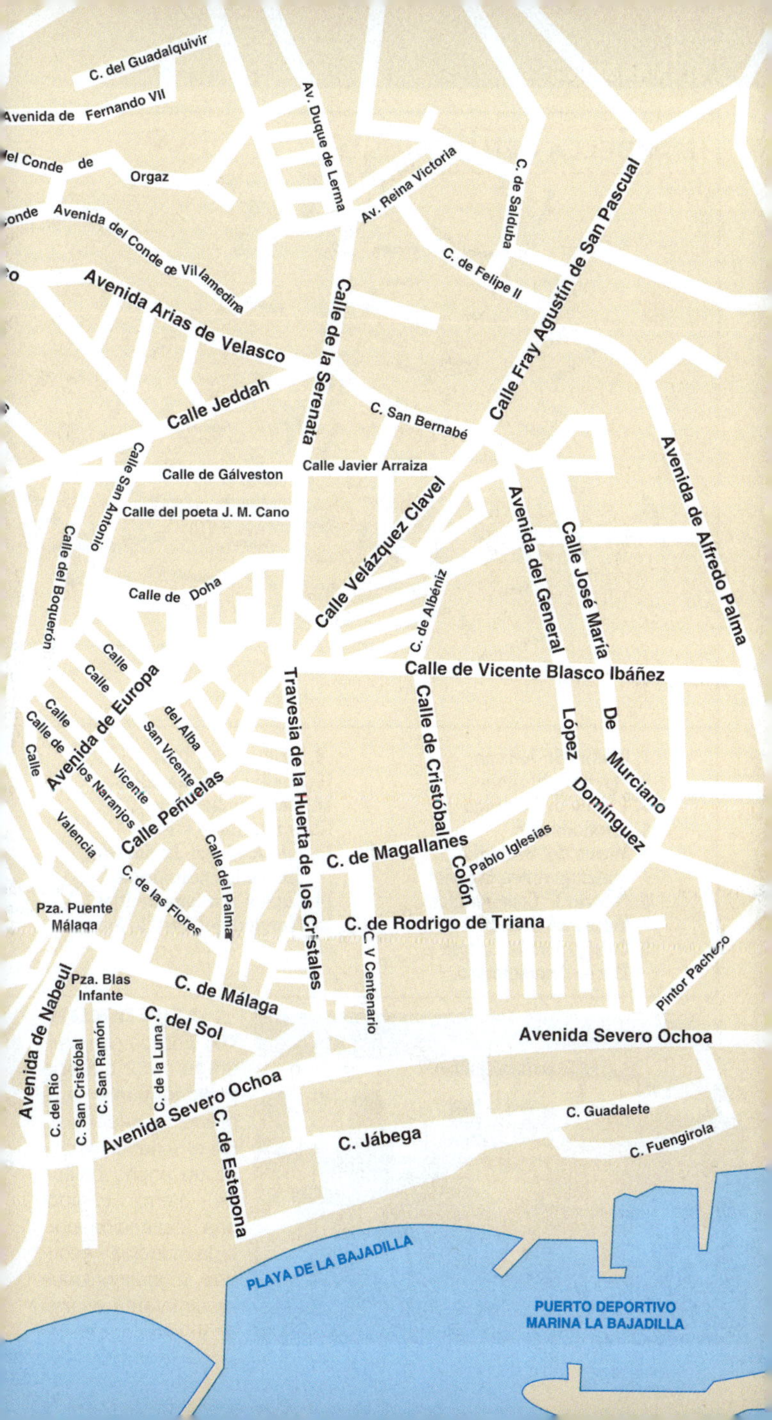
C. del Guadalquivir
Avenida de Fernando VII
del Conde de Orgaz
Avenida del Conde de Villamedina
Av. Duque de Lerma
Av. Reina Victoria
C. de Salduba
C. de Felipe II
Avenida Arias de Velasco
Calle de la Serenata
Calle Fray Agustín de San Pascual
Calle Jeddah
C. San Bernabé
Calle San Antonio
Calle de Gálveston
Calle Javier Arraiza
Calle del poeta J. M. Cano
Calle Velázquez Clavel
Avenida del General
Calle José María
Avenida de Alfredo Palma
Calle del Boquerón
Calle de Doha
C. de Albéniz
Calle de Vicente Blasco Ibáñez
López Domínguez
De Murciano
Avenida de Europa
Travesía de la Huerta de los Cristales
Calle de Cristóbal Colón
Calle del Alba
Calle San Vicente
Calle Vicente
Calle de los Naranjos
Calle Valencia
Calle Peñuelas
Calle del Palmar
C. de Magallanes
Pablo Iglesias
C. de las Flores
Pza. Puente Málaga
C. de Rodrigo de Triana
C. V Centenario
Pintor Pacheco
Pza. Blas Infante
C. de Málaga
C. del Sol
Avenida de Nabeul
Avenida Severo Ochoa
C. del Río
C. San Cristóbal
C. San Ramón
C. de la Luna
C. de Estepona
C. Jábega
C. Guadalete
C. Fuengirola
PLAYA DE LA BAJADILLA
PUERTO DEPORTIVO
MARINA LA BAJADILLA

1. Oficina de Turismo
2. Plaza los Naranjos
3. Capilla de Santiago
4. Ayuntamiento
5. Museo del Grabado Contemporáneo Español
6. Palacio 1º Comendador
7. Museo de Bonsai
8. Delegación de Cultura y Museo Arqueológico
9. Esculturas de Dalí
10. Capilla Santo Sepulcro
11. Mercado Municipal
12. Ermita Santo Cristo
13. Iglesia Mayor de Nuestra Sra. de la Encarnación
14. Capilla San Juan de Dios
15. Murallas del Castillo Árabe

AYUNTAMIENTO: Edificio construido en 1552 que fue posteriormente ampliado y reformado. En el exterior destaca un ancho balcón de hierro forjado, una espléndida portada mudéjar y escudos e inscripciones en su interior y otros en el exterior que recuerdan la traída de agua a las fuentes públicas en 1632. En el interior del salón de sesiones existen unas pinturas al fresco de temas religiosos.

ERMITA DE SANTIAGO: En el lado opuesto de la plaza de los Naranjos está ubicada pequeño templo de una sola nave que fue la primera iglesia de la ciudad después de la conquista. Construida en el siglo XV, se encuentra en la actualidad muy reformada y en su entorno podemos ver la ermita de Nuestro Señor Santiago, primera iglesia cristiana de la ciudad. Es una edificación sencilla de finales del siglo XV.

Junto a la ermita se conserva una fuente de principios del siglo XVII, de estilo renacentista.

CASA DEL CORREGIDOR: El último de los monumentos interesantes de la Plaza de los Naranjos construida durante los siglos XVI y XVII, con fachada de piedra en la que se abre una vistosa balconada. La parte inferior consta de un hueco adintelado y el segundo cuerpo está formado por un sencillo arco apuntado flanqueado por escudos. Una galería de estilo renacentista corona la parte superior del edificio.

En el lado opuesto a la Casa del Corregidor se abre la calle General Chinchilla que a la izquierda, comunica con la de Ortiz de Molinillo, ésta se prolonga en la de la Virgen de los Dolores, que constituye uno de los rincones más típicos de la vieja Marbella. Al fondo de la calle, sobre un vistoso balcón cubierto de flores, aparece el templete de la Virgen de los Dolores.

IGLESIA DE NUESTRA SEÑORA DE LA ENCARNACIÓN: Frente al torreón se eleva la iglesia construida en el siglo XVIII sobre un primitivo templo del siglo XVI. Su interior está dividido entre naves separadas por arcos de medio punto. Del exterior destaca la portada de piedra rojiza; la torre tiene cuatro cuerpos prismáticos, destacando los que sobresalen por encima de la iglesia. Junto a la plaza de la iglesia se alza una de las torres, muy bien conservada.

CAPILLA DE SAN JUAN DE DIOS: siguiendo la calle Misericordia se llega hacia este bello ejemplo de la arquitectura gótico tardía del siglo XVI. Es una pequeña capilla, de una sola nave, conserva en su interior una bella armadura mudéjar en muy buen estado. En el exterior destaca su interesante portada labrada en piedra de estilo gótico tardío y una puerta de madera tallada con el escudo de la orden de San Juan de Dios.

ANTIGUO HOSPITAL BAZÁN: Se trata de un interesante edificio del siglo XVI. Fue la residencia de don Alonso de Bazán, regidor de la ciudad quien ordenó convertirlo en hospital para los pobres. En su construcción se mezclan elementos renacentistas, góticos y mudéjares.

ERMITA DEL SANTO CRISTO DE LA VERA CRUZ: Plaza San Cristo. Construida en el siglo XVI y posteriormente ampliada en el siglo XVIII con una torre. Consta de una sola nave, en su interior destaca el coro que utiliza para su apoyo una columna toscana que se hunde en la pila bautismal. En su exterior destaca la portada de piedra labrada, la pequeña torre campanario y el exterior del camarín con estructura octogonal que sostiene un tejadillo de cerámica vidriada.

RESTOS DEL CASTILLO ÁRABE: Obra del siglo X, se construyó por orden de Abderramán III. En su construcción se reutilizaron materiales romanos de algún gran edificio cercano. En la calle Trinidad se pueden observar tres capiteles de orden jónico. Sufrió modificaciones en el siglo XIV.

PASEO MARÍTIMO: Situado en el otro extremo del casco urbano se asoma a las playas urbanas que se suceden unas tras otras; como las de la Bajadilla y Venus, en forma de pequeñas bahías protegidas que quedan encerradas entre el puerto pesquero y el puerto deportivo de la ciudad. Más allá de éste aparece la de la Fontanilla. El puerto pesquero fue construido en la década de los sesenta.

AVENIDA DEL MAR: Enlaza La Alameda con el Paseo Marítimo. Su superficie se encuentra adornada con fuentes, pérgolas, jardineras y una colección de esculturas de Salvador Dalí, son 10 esculturas diseñadas por Dalí y fundidas en bronce en Verona.

RISTORANTE ITALIANO TUTTI GUSTI - PIZZERIA PASTA FRESCA

MUSEOS

MUSEO DEL GRABADO ESPAÑOL CONTEMPORÁNEO: Antiguo Hospital de Bazán ☎ 952 82 50 35. http://mgec.es/ Desde la portada lateral de la iglesia, la calle del Viento conduce hasta éste edificio fundado hacia 1570. En su interior cabe destacar el patio principal, que da acceso a las distintas salas, algunas cubiertas con artesonados. El patio está compuesto por dos galerías de arcos que apoyan en columnas de piedra. Al exterior, la torre se abre en la parte superior con un mirador en piedra de arcos de medio punto, precedido de un bello pretil calado. El hospital alberga actualmente el museo que Dispone de cinco salas en las que se exponen obras de los más célebres artistas españoles contemporáneos, como Picasso, Miró, Tapies, Chillida o Dalí, entre otros. La colección, agrupada por criterios cronológicos y artísticos, se acompaña de textos explicativos de las diferentes tendencias.

MUSEO DE BONSAI: Parque Arroyo de la Represa. ☎ 952 86 78 73. Se pueden concertar una visita guiada. Expone una de las más completas colecciones de estas miniaturas vegetales de Europa. Destacan los olivos, *el Ginkgo, Oxiedro, Pino pentafila* y *un Zelcoba* entre otros. En la entrada se sitúa la tienda con bibliografía especializada, productos adecuados para el cuidado y cultivo de los bonsais.

MUSEO CORTIJO DE MIRAFLORES: Avda. José Luis Morales y Marín, s/n. ☎ 952 90 27 14. .Centro cultural y sala de exposiciones que incluye diversas muestras de pintura y explica el proceso tradicional de elaboración del aceite.

MUSEO RALLI: Urb. Coral Beach. ☎ 952 85 79 23. Entrada Libre. Una importante colección de pintura latinoamericana. Pintura argentina y escultura europea de Dali y Maillol. Pintura de Chagall, Max Ersnt, Miró, Dalí, Henry Moore, Wunderlich, André Masón etc.

ALOJAMIENTOS

En Marbella predominan los hoteles de muchas estrellas pero en la parte más antigua, todavía es posible encontrar alguno donde el precio no es excesivamente caro.

(B) **HOSTAL PACO (Hs**):** Isaac Peral, 16. ☎ 952 771 200. info@hostalpacomarbella.com Hostal situado en pleno casco histórico de la ciudad y a pocos metros de la playa. Todas las habitaciones cuentan con baño privado, televisión y calefacción, además algunas tienen aire acondicionado. Los precios oscilan según las temporadas. Wifi gratis en las zonas comunes y en algunas habitaciones.

(B) **EL RODEO (H***):** Víctor de la Serna, 2. ☎ 952 77 51 00. www.hotelelrodeo.es Construido en 1971, ha sido reformado recientemente. Las 100 habitaciones con las que cuenta son modernas y sin demasiadas pretensiones. Todas son exteriores y algunas miran hacia los jardines, disponen de minibar, calefacción, caja fuerte, aire acondicionado, TV, teléfono, secador de pelo y amplias terrazas. Piscina.

(B) **HOTEL FINLANDIA (H*):** Notario Luis Oliver, 12. ☎ 952 77 07 00. casafinlandia@gmail.com www.hotelfinlandia.es Cerca del casco antiguo, cuenta con habitaciones limpias, amplias y luminosas muchas de ellas con terraza, aire acondicionado y calefacción. Decoración sencilla y suelos ajedrezados.

(M) **CENTRAL:** San Ramón, 15. ☎ 952 90 24 42. hotel@hotelcentralmarbella.com www.hotelcentralmarbella.com Situado en el casco antiguo, es un hotel muy cuidado que dispone de habitaciones individuales, dobles y triples. Todos los cuartos son acogedores y bien equipados con televisión, teléfono, aire acondicionado, conexión a Internet y un cuarto de baño con todos los accesorios necesarios. En la recepción ofrecen servicios como reservas de avión y de tren, alquiler de coches, transferencias bancarias, organización de excursiones, etc. Un hotel pequeño para los que huyen de las aglomeraciones.

(M) **HOTEL SAN CRISTÓBAL:** Avda. Ramón y Cajal, 3. ☎ 952 77 12 50. www.hotelsancristobal.com info@hotelsancristobal.com Situado frente al parque de La Alameda, en pleno casco histórico Cuenta con 97 habitaciones con una decoración moderna y un buen equipamiento con baño completo, teléfono, televisión, despertador, caja de seguridad, calefacción, aire acondicionado. Vistas al mar, al centro histórico, o a la montaña. Wifi gratis en zonas comunes. Dispone de aparcamiento de pago cerca del hotel.

Ⓜ **HOTEL ARTOLA (H***):** Carretera Cádiz- Málaga km 194. ☎ 952 83 13 90. www.hotelartola.com Situado a 11 km del centro de Marbella en dirección a Málaga, cerca del puerto deportivo de Cabopino. Antigua venta de postas transformada en hotel. Es un hotel muy agradable con piscina y un pequeño campo de golf con 9 hoyos. Las habitaciones son sencillas, con cabeceros de azulejos. Las mejores y más luminosas son las que dan a la parte de la piscina, de la 101 a la 109.

Ⓜ **MARBELLA PLAYA HOTEL (H****):** Ctra. Cádiz, km. 189. ☎ 952 83 13 45. www.playasenator.com Hotel playero situado a 7 km. de Marbella. Construido con el estilo de un pueblo típico andaluz, forma parte de un gran complejo que cuenta con muchas posibilidades para practicar diversos deportes, e instalaciones muy completas.

Ⓜ **ALANDA HOTEL MARBELLA:** Bulevar Ppe. Alfonso Von Hohenlohe, s/n. ☎ 952 89 96 00. www.alandahotelmarbella.com Se encuentra en el centro de la famosa “Milla de Oro” entre la marina de Puerto Banús y Marbella. Ocupa dos edificios con un jardín tropical en el medio. Cuenta con 199 habitaciones modernas y funcionales.

Ⓜ **H10 ANDALUCÌA PLAZA (H****):** Urbanización Nueva Andalucía. ☎ 952 81 20 00. www.h10.es Emplazado junto a la carretera, muy cerca de Puerto Banús, ocupa un gran edificio con portadas de inspiración barroca, rodeado de jardines. En la planta baja se localiza el *Casino Nueva Andalucía,* centro de reunión de los famosos que frecuentan

la zona. Las habitaciones miran hacia el mar o la montaña. Gimnasio, sauna, piscinas y pista de tenis se cuentan entre sus instalaciones. Ofrece, asimismo, la posibilidad de practicar el golf. Aparcamiento.

C FUERTE MARBELLA (H**):** Avda. El Fuerte, s/n. ☎ 952 86 15 00. www.fuertehoteles.com Cuenta con 263 habitaciones totalmente equipadas. Situado en el paseo marítimo, mirando al mar y a escasos metros del casco antiguo de Marbella es uno de los más clásicos hoteles de la ciudad. Fue inaugurado en 1957 y constituyó el primer hotel de lujo de la entonces incipiente industria turística local. Tras su última reforma, sigue siendo uno de los más atractivos de Marbella. La decoración de las habitaciones, que miran a los jardines y al mar, es clásica. Junto al Paseo Marítimo se localizan las dos piscinas, una de ellas climatizada. En la parte trasera, rodeada de árboles, están emplazadas las pistas de *paddle* y de tenis. Dispone asimismo de *squash*, gimnasio y sauna y los clientes tienen precios especiales en los cercanos campos de golf.

C IBEROSTAR MARBELLA CORAL BEACH (H**):** Ctra. Cádiz-Málaga, km. 176. ☎ 952 82 45 00. reservas.coral@oh-es.com Edificio de diseño mediterráneo con elementos vanguardistas. Consta de cuatro plantas y está concebido en estilo arábigo-andaluz, con patios, fuentes y plantas. Las 169 habitaciones son amplias y atractivas, con mobiliario de mimbre, y disponen todas de terraza que mira a la piscina-jardín, al mar o a la montaña.

L GRAN HOTEL GUADALPIN (H***):** Edgar Neville, s/n. C.N. 340, km. 179. ☎ 952 89 97 06. reservas@granhotelguadalpin.com Es un hotel de nueva planta, se ha edificado en un estilo moderno e innovador, que se distribuye en cuatro pisos, presididos por una gran fachada acristalada, en cuyo centro hay tres ascensores panorámicos. Cuenta con habitaciones y suites de lujo, la mayoría de ellas con jacuzzi y solarium, todas con vistas del Mediterráneo y muy bien equipadas. A destacar también sus restaurantes, Ofrece además una amplia gama de sofisticados tratamientos de salud y belleza, complementados por un gimnasio. Piscina exterior climatizada. Salas para conferencias, seminarios, banquetes y pequeñas reuniones con servicio de Business Centre.

L DON CARLOS (H***):** Ctra Cádiz, km. 192. ☎ 952 76 88 00. www.doncarlosresort.com Situado a 10 km. de Marbella, camino de Málaga. El edificio es una torre de 14 plantas rodeada de bonitos jardines escalonados que descienden hasta la playa. Las habitaciones son muy espaciosas y están decoradas en estilo mediterráneo, en tonos pastel. Todas tienen excelentes panorámicas a los jardines, el mar o la montaña. Entre sus instalaciones deportivas se incluye una piscina climatizada, pista de tenis y gimnasio. El restaurante *Ombú* oferta una comida de calidad y una amplia carta de vinos.

L MARBELLA CLUB HOTEL GOLF RESORT & SPA (H**):** Blvd. Príncipe Alfonso Hohenlohe. ☎ 952 82 22 11. www.marbellaclub.com Es uno de los pioneros de Marbella, fundado por el príncipe Alfonso de Hohenlohe en la década de los cincuenta. Situado en la llamada milla de oro marbellí. El hotel es un complejo de casitas andaluzas y bungalows rodeados de jardines que llegan hasta la playa. Cada habitación tiene una decoración peculiar, todas cuentan con terraza que mira hacia los excepcionales jardines subtropicales o a la piscina. La estancia da derecho a practicar el golf en diversos campos cercanos. Tanto el restaurante como el *beach club* son de los más acreditados de la Costa del Sol.

L LOS MONTEROS (H***):** Ctra. Cádiz, km. 187. ☎ 952 277 17 00. www.losmonteros.com Uno de los buques insignia de la costa marbellí inaugurado en 1962 y ampliamente renovado. Emplazado a 4 km. del centro urbano, camino de Málaga, está formado por casitas de aire andaluz rodeadas de exuberantes jardines tropicales. El lujo y la comodidad caracterizan todas sus dependencias. Todas las habitaciones tiene balcón o terraza. Cuenta con tres espléndidos restaurantes. Dispone de magníficas instalaciones deportivas, que incluyen un campo de golf y pistas de tenis. En verano cabe destacar su beach club.

L PUENTE ROMANO (H***):** Ctra. Cádiz, km 177. ☎ 952 82 09 00. www.puenteromano.com Otro de los establecimientos ex-

clusivos de la Costa del Sol, emplazado en la llamada "milla de oro". Las habitaciones ocupan casas de tres plantas de aire andaluz, en un delicioso entorno formado por 40.000 m^2 de jardines subtropicales, en los que se emplazan piscinas, fuentes y cascadas. Todas las habitaciones están decoradas con diseños diferentes, dentro del aire mediterráneo que caracteriza al conjunto, con terrazas que se abren a los jardines. Cuenta con el chiringuito *Suite de Mar*, situado en la playa y en donde se pueden probar una selección de mariscos y carnes elaborados a la más pura tradición mediterránea. Además cuenta con otros restaurantes como Dani García Restaurante del chef Dani García, considerado como uno de los mejores de toda España. El hotel ofrece gimnasio y sauna. Se pueden practicar, asimismo, deportes náuticos como *windsurf* o esquí acuático.

L GRAN MELIÁ DON PEPE (H***):** José Meliá. ☎ 952 77 03 00. www.melia.com Un clásico inaugurado en 1964 y recintemente renovado y situado en primera línea de playa, a dos pasos del casco urbano de Marbella, rodeado por 25.000 m2 de jardines subtropicales. Sus instalaciones son modernas y lujosas y las habitaciones miran al mar o a Sierra Blanca. Entre su oferta gastronómica está *La Farola* o *La Palapa* con servicio de buffet en verano. Se puede practicar el golf y deportes náuticos. Además, dispone de varias piscinas, una de ellas para niños, dos jacuzzis, baño turco, pistas de tenis, gimnasio, servicios de masajes, salón de belleza y todas las comodidades características de los grandes hoteles.

RESTAURANTES

EN EL CASCO HISTÓRICO

B **ALTAMIRANO:** Pza. Altamirano, 4, ☎ 952 82 49 32. Se trata de un restaurante tradicional de pescaíto frito y de marisco. Todo de gran calidad y muy fresco. Con buen tiempo la terraza, situada en una plaza peatonal del centro urbano, es muy agradable.

B **CALIFORNIA:** Edificio Sol 2. ☎ 952 88 67 52. Un restaurante sencillo y popular que ofrece pescado y marisco de primera calidad, cuenta con terraza y comedor.

B **LA PESQUERA:** Plaza la Victoria, s/n. ☎ 952 76 51 70. Horario de 10:30 h. a 1:00. Es uno de los restaurantes de esta cadena especializada en pescados y mariscos, situado en pleno corazón del casco antiguo marbellí y cuenta con una barra en la que tomar tapas y raciones y un comedor situado en una gran terraza en el que la oferta principal son los pescados a la sal, como la lubina o la dorada, y los tradicionales espetos de sardinas.

B **RESTAURANTE BUENAVENTURA:** Plaza de la Iglesia 5, Marbella. ☎ 952 85 80 69. En el corazón del Casco Antiguo, justo enfrente de la Iglesia de la Encarnación ocupa un local muy acogedor, con una cálida chimenea para las noches invernales y un patio exterior ajardinado con una fuente para cenar en verano. Ofrece una cocina de temporada, creativa de raíces andaluzas y que combina sabores clásicos y modernos. Postres muy cuidados y amplia carta de vinos en la que destacan las principales denominaciones de origen, cavas y champagnes.

B **RESTAURANTE SKINA:** Aduar, 12. ☎ 952 76 52 77. Pequeño restaurante pero gran cocina, lleno de creatividad y buen gusto. Muy recomendable menú degustación. Buena carta de vinos y trato excelente. Imprescindible.

EN LA ZONA DEL PUERTO Y DE LAS PLAYAS

Ⓜ **CASA DE LA ERA:** Carretera a Ojén, km 05. ☎ 952 77 06 25. Abre de lunes a sábado. Restaurante rodeado de palmeras y con vistas al mar y a la montaña, cocina tradicional malagueña con productos que proceden de su propia huerta. Entre sus platos destacan las migas, el caldo cortijero con tropezones, el chupito de salmorejo con jamón, los 'huevos cuajaos' en salsa de tomate frito, unas albondiguillas de calamares con salsa de cebolla. Postres caseros.

Ⓒ **SANTIAGO:** Paseo Marítimo 5. ☎ 952 77 00 78. Cierra en noviembre. A la entrada hay una barra surtida de un gran número de tapas, tanto de pescado como de carne, muy recomendables: el jamón de Jabugo, las anchoas y el salpicón de marisco. Un comedor muy agradable y una gran terraza completan este restaurante, en el que su gran secreto es mantener una de las mejores oferta de productos marinos de toda la Costa del Sol, ya que muchos pescadores le siguen trayendo directamente desde sus barcas aquello que ese día han recogido las redes. No hay que olvidar los platos de carne, como el cordero lechal. Excelente bodega con más de seiscientas referencias en donde los grandes vinos de Vega Sicilia ocu-

pan un lugar muy destacado. Conviene reservar. A su lado han abierto, La Tabernita de Santiago, con terraza y más de 500 tapas diferentes.

VILLA TIBERIO: Carretera Nacional 40 km 178,5 (cercano al Marbella Club). ☎ 952 77 17 99. Situado en la Carretera Nacional que conduce a Puerto Banús por lo que la mejor forma de llegar es en coche, hay un amplio parking a la entrada. Es un lujoso restaurante que ocupa un chalet de 7.000 metros cuadrados, con arquitectura romana. En la entrada hay un arco hecho con ramas, en el que se ha colocado el letrero Villa Tiberio, allí comienza un gran jardín con jazmines, margaritas, geranios, damas de noche, yucas, palmeras y limoneros, adornados con columnatas de mármol, esculturas de los dioses Marte y Neptuno y bustos de emperadores romanos entre ellos, Nerón, Adriano, Claudio y Marco Aurelio. Hay varios senderos que conducen al salón comedor. Abierto desde las 7.30 de la tarde un piano ameniza las cenas. Cocina de calidad que sigue la tradición italiana y mediterránea.

EL RODEÍTO: Ctra. de Cádiz, km. 173. ☎ 952 81 08 61 - 952 81 56 99. www.elrodeito.com Ofrece una cocina tradicional castellana, caracterizada por la calidad y las raciones generosas entre sus platos: mollejas de cordero a la plancha, morcilla de arroz de Burgos, pichones estofados, lechazo asado en horno de leña, pescados a la brasa. El restaurante abre las 24 horas, los siete días de la semana y todos los días del año, ofrece la posibilidad de encargar platos para llevar.

MESANA: Bulevar Alfonso de Hohenlohen, s/n. Hotel Guadalpín. ☎ 952 89 94 01. Ofrece una cocina creativa y de diseño que se apoya en las especialidades mediterráneas en

un ambiente elegante y lujoso, lleno de detalles, con una vajilla y cristalería en consonancia con la cocina y decoración de la sala y una bodega repleta de vinos actuales. La carta cambia cuatro veces al año y se caracteriza por la fusión de los sabores andaluces tradicionales del recetario popular con otros traídos de diferentes lugares.

EL LAGO: Avenida de las Cumbres, s/n. Urb. Elviria Hills. ☎ 952 83 23 71. Abre de martes a domingo. Restaurante de cocina creativa muy bien decorado, con unos comedores y terrazas desde donde hay vistas de la montañas que rodean Marbella, con el Mediterráneo como fondo y con un lago artificial a sus pies. Bodega amplia y muy cuidada.

DANI GARCÍA RESTAURANTE: Puente Romano Boulevard Príncipe Alfonso de Hohenlohe, sn (Hotel Puente Romano). ☎ 952 76 42 52. Cierra domingo y lunes. Está ubicado en el hotel Puente Romano y ofrece el estilo de cocina creativo tan característico chef Dani García, que aporta una versión actualizada de los platos tradicionales junto a sus nuevas creaciones. El comedor está decorado en tonos pastel y madera, con muebles minimalistas y cómodos. En la carta hay un menú degustación muy recomendable. Sugerentes postres de base tradicional y una notable carta de vinos.

GRILL MARBELLA CLUB: Boulevard del Príncipe Alfonso von Holenlohe. ☎ 952 88 21 11. El restaurante del Hotel Marbella Club que fue el primero pionero en habilitar una terraza para las noches de verano en toda la costa del sol. Elegante y sofisticado. Ofrece una cocina clásica de alta calidad con platos muy bien pensados en texturas, aromas y sabores. Servicio amable y muy profesional.

LA MERIDIANA DEL ALABARDERO: Camino de la Cruz s/n. ☎ 952 77 61 90. Rodeado de frondosos jardines cuenta con un comedor de invierno y una terraza, acondicionada a los cambios de estación. Cocina sólida de base tradicional con toques modernistas. La carta de vinos está en consonancia con las exigencias de esta casa e incluye varias referencias extranjeras.

TAPAS Y COPAS

Cuenta Marbella con un amplio número de establecimientos consagrados al "tapeo". En el Puerto Pesquero, zona "La Bajailla", abundan los locales con excelente pescado y marisco como *El Canuto* –desde 1953–, *Los Cañizos, La Relojera, Nenito* y *Casa del Mar.* Muy cerca, frente al hospital que hay a la entrada, esta La Traiña, con buen marisco, pescados y arroz con bogavante. En la *Taberna de Santiago* en el Paseo Marítimo 5 y cerca de allí en Avenida del Mar, edificio Esperanza, 20 está la *Ostrería de Santiago que* cuenta con una de las barras más surtidas de toda Marbella, entre sus tapas, algunos guisos como la cazuelita de jibia en salsa o los callos a la malagueña; a destacar la mojama como la hueva de atún con almendras fritas. A pocos pasos de allí en Miguel Cano 15, está *La Venencia* una bodega muy frecuentada para comer o picar algo. En *El Estrecho* en San Lázaro, s/n siguen ofreciendo desde hace más de cincuenta años calidad y variedad a precios asequibles.

CHIRINGUITOS

Una de las costumbres más arraigadas de Marbella es comer o cenar en los chiringuitos, normalmente sirven comidas a lo largo de todo el día y el nivel de calidad en general es bastante alto, entre ellos destacamos.

TROCADERO ARENA: A-7 Salida Torre Real. ☎ 952 86 55 79. www.trocaderoarena.com. En la zona este de Marbella Uno de los mejores, ofrece una buena relación calidad precio y es uno de esos lugares para ver y ser visto.

EL MANGALETA, en la urbanización Bahía de Marbella. Pescados a la plancha y platos tradicionales a precio asequible.

LAS FLORES: en la urbanización Playas andaluzas. Especialidades locales.

SIMBAD EL MARINO: Urbanización Carib Playa. ☎ 952 83 41 41. A 12 Km del centro de Marbella, en el km 194 dela carretera Málaga -Cádiz. Hay que desviarse a la altura del Hotel Artola en dirección al mar, al llegar a la playa se continua por la Avenida de Andalucía y se encuentra el restaurante en la segunda calle a la izquierda. Las paredes del local están llenas de conchas marinas y ofrece pescados frescos y mariscos al borde del mar a precios muy razonables y en un entorno de total tranquilidad.

TROCADERO PLAYA: Playa de la Carolina. ☎ 670 95 56 56. www.trocaderoplaya.com es recomendable por su ambiente y por su cocina muy cuidada.

LA PESQUERA: Urb. Marbellamar Playa, Marbella. ☎ 952 77 03 38. Uno de los establecimientos de la cadena La Pesquera, ubicado a pie de playa. Especialidad en pescados y mariscos.

EL FARO: Playa del Puerto Deportivo. Abre de 11.00 h a 18.00 h y de 20.00 h a 1.00 h. Cierra de octubre a Semana Santa. Es el chiringuito más antiguo de Marbella; lleva más de 40 años abierto. Merece la pena probar los espetos de pescado y los jurelitos. A mediodía suele estar muy lleno.

LA RED: Playa de la Fontanilla, Marbella. ☎ 952 82 14 50. Especialidad en arroces y pescados con una buenísima relación calidad precio. Servicio estupendo. Todos los viernes ofrece carne a la barbacoa...

LA RELOJERA: Bajadilla 16, Puerto Pesquero de Marbella. ☎ 952 77 14 47. Pescados y mariscos.

LAS CUCHIS: Urb Río Verde. ☎ 952 77 38 10. Ofrecen pescado a la sal al horno y a la espalda, paella y otras especialidades locales en un ambiente muy relajado.

YELLOW BEACH: Urb. Casablanca, Marbella. ☎ 952 82 32 59.

BEACH CLUBS

LA CABANE: en el kilómetro 187 de la carretera nacional 340, es el lujoso Beach del hotel Los Monteros, uno de los lugares más exclusivos de la Costa del Sol. Situado al lado del mar con magníficas vistas ofrece una cocina con una amplia variedad de platos mediterráneos así como muestras de la gastronomía internacional. Precios a la altura del hotel.

BEACH CLUB DON CARLOS: en el kilómetro 192. Avda. Zurita s/n Junto al mar y con una espectacular piscina rodeada de palmeras. Abierto desde el 18 de abril al 2 de noviembre. Buffet o menú a la carta en un ambiente lujoso.

NIKKI BEACH Dirección: Playa Hotel Don Carlos, CN-340, km 192. ☎ 952 836 239. Ofrece hamacas y camas de alquiler, decoración de estilo oriental, restaurante que mezcla cocina japonesa, francesa y varios platos de otras cocinas internacionales y fiesta diurna entre las 5 y las 8 de la tarde, aproximadamente.

COPAS

En el casco antiguo predomina un ambiente juvenil que se distribuye alrededor de la plaza de Puente Ronda. El puerto deportivo de Marbella está más animado en verano, allí los locales tienen características similares: terrazas, música alta y grandes aglomeraciones. A mitad de camino entre Marbella ciudad y Puerto Banús hay que destacar el clásico Olivia Valere. En el Camino de la Cruz, está el Funky Buda, música y ambiente exclusivo para todas las edades.

COMPRAS

LA CAÑADA: Ctra. Ojén, s/n Viniendo por la A-7 desde Puerto Banús, se coge la salida hacia Ojén, "Parque comercial" ☎ 952 866 134. Horarios: Lunes – Sábados de 10.00 a 22.00 h. La Cañada a veces abre los domingos en verano, Navidad y otras fiestas. El cine, la bolera y los restaurantes abren hasta más tarde.

Es el centro comercial más grande de Marbella con más de 150 tiendas de moda, accesorios, electrónica, muebles, un enorme supermercado y un amplio aparcamiento gratuito.

MERCADILLO: cada lunes por la mañana hay un mercado en los alrededores del campo de futbol.

ALREDEDORES DE MARBELLA

PUERTO BANÚS

Construida por José Banús en los años setenta es uno de los símbolos de la Costa del Sol y su creación marcó un verdadero hito en el proceso de expansión turística de la zona. Es un puerto deportivo de lujo situado en la zona denominada Nueva Andalucía, al oeste de Marbella y cerca de San Pedro de Alcántara. Este enclave turístico se ha convertido, desde que fue concebido, en el mayor centro de entretenimiento de la Costa del Sol con las tiendas más exclusivas de primeras firmas mundiales y restaurantes de todo tipo, desde pizzerías tradicionales a lujosos restaurantes de cocina internacional. Cuen-

ta con más de 900 puntos de atraque, las más lujosas embarcaciones del mundo están fondeadas en sus muelles. También es fácil encontrarse en Puerto Banús con los coches más impresionantes y lujosos, Rolls Royce, Lamborghini, etc. En los últimos tiempos Puerto Banús ha ido creciendo hacia el interior con grandes calles llenas de restaurantes y tiendas de todo tipo.

ALOJAMIENTOS

HOTEL BENABOLA: Paseo de la Alhambra Bloque 3. ☎ 952 81 50 00. Ubicado en el corazón de Puerto Banús, ofrece habitaciones y apartamentos con un equipamiento moderno y muy completo y con unas vistas espectaculares al puerto.

HOTEL PARK PLAZA SUITES (H**):** Paseo Marítimo de Benabola, Puerto Banús, ☎ 952 90 90 00. www.parkplazasuiteshotel.com Se encuentra ubicado en el muelle principal de Benabola en el Puerto Deportivo Banús Construcción moderna de estilo Mediterráneo. Cuenta con 45 habitaciones dobles y 5 espaciosas suites y una gran suite de lujo. Todas ellas con vistas al mar, con una decoración muy cuidada y equipadas con: aire acondicionado, televisión, minibar, cajas de seguridad electrónicas, secador de cabellos, etc. Restaurante con terraza y bar con música en directo. Jacuzzi, Gimnasio y Beach Club.

RESTAURANTES

LOS BANDIDOS: Puerto Banus. ☎ 952 81 59 15. Situado al final del Puerto y abierto solo para cenas, siete dÍas a la semana, todo el año desde las 19.30 hasta tarde. Un local pequeño y acogedor, con una excelente cocina internacional. Bodega pequeña pero muy cuidada.

ANTONIO: Muelle Rivera 21.Puerto Banús ☎ 952 81 35 36. Un clásico, especializado en pescados y mariscos de calidad, su excelente materia prima, elaborada con el recetario más clásico de la cocina andaluza, es una garantía. Entre sus platos destacan la lubina a la sal, la paella de mariscos y la fritura malagueña. Comedor amplio y terraza con vistas de las embarcaciones que se amarran en el puerto. Amplia e interesante bodega.

CIPRIANO: Playas del Duque, Ed. Sevilla. ☎ 952 81 10 77 - 952 81 59 97. rtecipriano@infonegocio.com Situado en Puerto Banús, es un local elegante en el que destaca su am-

plia terraza. En el interior varios comedores con una decoración clásica. El restaurante ofrece una cuidada cocina de tipo mediterráneo que se apoya en la máxima calidad de las materias primas, y en un esmerado servicio. Amplia bodega.

CHIRINGUITOS

En el dique de levante se puede comer en el *Beach Levante* en una zona privilegiada de la playa, ofrece un menú variado basado en la cocina mediterránea, con los pescados y carnes a la brasa. Cerca de allí *La Pesquera Puerto Banús* en la Playa de Levante, que fue el primer restaurante de la cadena especializada en pescados y mariscos.

BEACH CLUBS

BUDDHA BEACH: Situado a unos pasos de Puerto Banús, en el nuevo paseo marítimo. Decoración y ambiente de inspiración oriental, allí se puede probar desde un mojito hasta disfrutar en de un masaje de peces en los pies Todo el club se extiende en una terraza de madera con hamacas y mesas con vistas al Mediterráneo. En la zona VIP, hay un jacuzzi de piedra. El restaurante ofrece pescados y mariscos frescos cocina tailandesa y sushi.

OCEAN CLUB: Avda. Lola Flores, Playa de la Siesta ☎ 952 90 81 34. www.oceanclub.es Situado a pie de la playa en el corazón de Puerto Banús. Un diseño de lujo con una zona exclusiva con 20 camas redondas de más de tres metros de diámetro, área de masajes, restaurante internacional y 350 metros cuadrados de playa con una capacidad de 100 hamacas.

COPAS

Además, Puerto Banús es conocido por su espectacular ambiente nocturno. Hay centenares de restaurantes, pubs y discotecas abarrotados de gente casi cualquier día de la semana. A destacar el **Sinatra** en la entrada de poniente, siempre muy animado y a su lado, otro de los clásicos, el **Saldaba**.

SAN PEDRO DE ALCÁNTARA

En las últimas décadas la población ha experimentado un auge considerable, derivado de la expansión del turismo y como foco de atracción de la cercana Marbella.

ALOJAMIENTOS

B HOTEL DOÑA CATALINA (H*):** Oriental 14. ☎ 952 85 31 20. www.hoteldonacatalina.com Hotel urbano, con 4 plantas y con un total de 36 habitaciones dobles y 7 individuales. Hall de entrada con ascensores, recepción abierta las 24 horas del día y servicio de caja fuerte. Dispone también de un bar, una sala de televisión y conexión a Internet. Las habitaciones están climatizadas y disponen de baño con secador de pelo, teléfono de línea directa, TV y conexión a Internet. Alquilan bicicletas de montaña. A cinco kilómetros de distancia está el campo de golf más cercano.

B HI! HOTEL PUEBLO ANDALUZ (H*):** Avda. José Luis Carrillo Benítez. ☎ 952 78 05 97. www.hihotels.net Hotel de playa tradicional con 2 11 habitaciones dobles y 8 individuales, todas ellas repartidas en varias casas de dos plantas con baño completo, teléfono y caja fuerte de alquiler. Dispone también de un bar, una cafetería, una sala de televisión y un restaurante climatizado con sillas altas para los niños. Se puede aparcar en el garaje o en el aparcamiento. Hay un club infantil y un parque. En el exterior hay una piscina para adultos y otra para niños, una terraza para tomar el sol, con sombrillas y tumbonas y un bar. Los huéspedes tienen la posibilidad de practicar windsurf y tiro con arco, así como jugar al baloncesto, al billar, al tenis, al ping-pong y al volley-playa. A dos kilómetros de distancia está el campo de golf más cercano.

M HOTEL GLOBALES CORTIJO BLANCO (H*):** Avenida de Jose Luis Carrillo Benítez, s/n. ☎ 952 78 09 00. www.hotelcortijoblanco.com Se trata de un complejo vacacional que conserva las características de su pasado colonial, con una arquitectura típica andaluza con fachada blanca y forjados en hierro. Habitaciones con caja fuerte, teléfono, televisión, algunas de ellas con aire acondicionado. Piscina y pista de tenis. El hotel ofrece el régimen de todo incluido.

C HOTEL NH SAN PEDRO (H*).** Jerez, 1. San Pedro de Alcántara. ☎ 952 85 30 40. www.nh-hoteles.es exsanpedro@nh-hotels.com Está situado a 600 metros de la playa y a 2 Km de Puerto Banús. Cuenta con 60 habitaciones equipadas con baño completo, secador de pelo, aire acondicionado, teléfono, TV, conexión a internet, wifi, y carta de almohadas. En los espacios comunes, bar-cafetería, salones sociales, servicio de lavandería, caja fuerte colectiva y alquiler de coches. Instalaciones preparadas para discapacitados.

L HOTEL GUADALMINA (H**):** Urbanización Guadalmina Baja. ☎ 952 88 22 11. reservas@guadalmina-hotel.com Cuenta con 165 habitaciones muy bien equipadas teléfono y conexión a Internet. Aire acondicionado y calefacción central. Caja fuerte y minibar. Televisión. Piscina, dos campos de golf y un restaurante muy recomendable.

RESTAURANTES

B LA CASITA: Urb. La Heredia. Ctra. San Pedro-Ronda, km 165,6. ☎ 952 78 59 56. Local muy agradable con una pequeña terraza que ofrece cocina casera y especialidades árabes. Muy recomendable el cuscús.

M ALABARDERO BEACH CLUB: Urbanización Castiglione. ☎ 952 78 05 52. Situado en primera línea de la playa de San Pedro de Alcántara, ofrece una cocina mediterránea tradicional basada en la calidad de los productos. Recomendables sus platos de arroz, entre ellos la paella de cola de toro con habitas y setas, y la paella de langostinos y ajitos tiernos.

M BORA BORA: Urb. Linda Vista Playa. Paseo Marítimo. ☎ 952 78 91 00. Restaurante de playa y beach club muy cuidado, en donde se ofrece buen pescado fresco a precio razonable. Completa su oferta con platos de la cocina tradicional. Cuenta con piscina propia. Por las noches, música en vivo y actuaciones.

M LA PESQUERA DE SAN PEDRO: Playa San Pedro Alcántara. ☎ 952 78 77 21. Horario: no cierra ningún día. Pescados y mariscos al borde del mar.

C VÍCTOR: Centro comercial Guadalmina. Local 1 San Pedro Alcántara. ☎ 952 88 34 91. Abre de martes a domingo, sólo al mediodía. Cocina tradicional de calidad basada en excelentes productos. La carta de vinos guarda muy buenas reservas de Rioja y Ribera del Duero.

C ALBERT Y SIMON: Urbanización Nueva Alcántara. Edificio Mirador, local 4B. ☎ 952 78 37 14. www.albertysimon.com Es un local acogedor con una cocina moderna de inspiración francesa como el pichón confitado en aceite de oliva virgen o el rodaballo con espinacas y pasas al vino tinto. Amplia y cuidada bodega.

ÍNDICE

MÁLAGA

MALAGA IMPRESCINDIBLE

LA VISITA

PARQUES Y JARDINES

MUSEOS

TRANSPORTES

ALOJAMIENTOS

RESTAURANTES

TAPAS Y COPAS

COMPRAS

MARBELLA

MARBELLA IMPRESCINDIBLE

LA VISITA

MUSEOS

ALOJAMIENTOS

RESTAURANTES

TAPAS Y COPAS

COMPRAS

ALREDEDORES DE MARBELLA

CARTOGRAFÍA

LUGARES DE INTERÉS

MÁLAGA

MARBELLA